Sagenhaftes Wandern auf der Schwäbischen Alb

Andrea Liebers (Sagen)/Günther Stahl (Wanderungen)

Sagenhaftes Wandern auf der Schwäbischen Alb

DRW-Verlag

ISBN 3-87181-402-4

Titelbild: Blick auf die Achalm (Foto: Rodrun/Knöll)
Umschlag: Hans-Jürgen Trinkner, Stuttgart
Gestaltung: Peter Stecher
Zeichnungen: Hartmut Mezger, Stuttgart
Fotos: Robert Knöll/Bildarchiv Rodrun, Altenriet
Karten: Jürgen Bohnert, Ulm

Gesamtherstellung: Karl Weinbrenner & Söhne GmbH & Co.,
Leinfelden-Echterdingen

Bestellnummer: 402

Inhalt

Der Riese Heime und sein Schloß auf dem Reußenstein

Ein stock- und steinerschütterndes Schnarchen drang aus der Höhle auf dem Heimenstein im Neidlinger Tal. Der Riese Heime lag schon seit zwei Tagen und zwei Nächten in seiner Höhle und schlief. Und seit der Zeit konnte auch kein Fuhrwerk mehr von Weilheim nach Wiesensteig fahren und auch nicht von Wiesensteig nach Weilheim, weil die Zugtiere scheuten. Sie blieben mit starren Beinen und angstvoll aufgestellten Ohren stehen und waren nicht mehr von der Stelle zu bewegen. Das Wild, das beim Heimenstein lebte, hatte sich in die entlegensten Schlupfwinkel zurückgezogen und selbst die Vögel sangen nicht mehr. Die Luft vibrierte von den tief eingezogenen und heftig ausgestoßenen Atemzügen des Riesen, und die Leute in Neidlingen hatten fast alle schon Kopfschmerzen von den furchtbaren Sägegeräuschen. Seit gestern hielt der Pfarrer einen Dauergottesdienst ab, die Leute beteten zu Gott dem Allmächtigen, daß er den Riesen endlich aus seinem Schlaf reißen möge.

»Wahrscheinlich ist der Heime wieder mal rund um die Welt gerannt und deshalb so müde!« brummte Bauer Weiblinger in seinen Bart. Seine Kühe hatten seit zwei Tagen nur saure Milch gegeben und keines seiner Hühner hatte ein Ei gelegt, so verstört waren sie. »Das hat der Heime doch schon mal getan, rund um die Welt gelaufen und dann nur noch geschnarcht – weißt du noch, da waren wir erst kurze Zeit verheiratet...« meinte die Bäuerin stirnrunzelnd und versuchte, sich genauer zu erinnern. »Stimmt, daran erinnere ich mich auch noch.« Zerknirscht blickte Hannes Waldinger, der alte Förster, der gerade dazugekommen war, zum Heimenstein. »Damals hat er eine Woche lang geschlafen.« »Mein Gott!« die Bäuerin sah zum Himmel, »ob er diesmal auch so lange schläft?« »Das Schlafen ist ja nicht so schlimm«, meinte jetzt der Bauer. »Aber das Schnarchen!!!« vollendete Waldinger den Satz. »Damals hat er auch so erbärmlich laut geschnarcht, und der Vetterle, der damals unser Bürgermeister war, hat dann eine Idee gehabt, wie man den Heime aufwecken könnte!« »So machen wir das aber diesmal nicht!« erschrocken blickte Bauer Weiblinger den Förster an. Doch der schüttelte den Kopf. »Nein, natürlich nicht, es hat lang genug gedauert, bis wir den Hang wieder soweit hatten, daß Bäume darauf wuchsen.«

Damals hatten die Neidlinger unter Führung von Bürgermeister Vetterle den schnarchenden Riesen mit langen Mistgabeln an den Fußsohlen gekitzelt, damit er endlich aufwachen sollte. Aufgewacht war der Riese dann schon, aber er hatte eine buchstäbliche Riesenwut über die gemeine Art des Weckens gehabt. Wutschnaubend war er aus seiner Höhle herausgerannt und hatte den ganzen Wald vom Höhleneingang bis hinunter ins Tal entwurzelt. Zum Glück war er kurz vor Neidlingen zur Besinnung gekommen.

»Psst!« Hans Waldinger hob warnend den Finger an den Mund. Alle lauschten gespannt. Tatsächlich! Der Schnarchton hatte sich verändert und war übergegangen in ein seltsames Prusten und Schnauben. Schließlich dröhnte ein fürchterliches Gähnen aus der Höhle.

»Er ist aufgewacht!« Die Bäuerin strahlte über das ganze Gesicht wie an Ostern, Weihnachten und an ihrem Geburtstag zusammengenommen nicht. Statt des schrecklichen Lärms hörte man nur noch Glockengeläut, das von der Kirche her kam. »Der Pfarrer wird uns jetzt bestimmt das ganze Jahr lang erzählen, daß er den Heime wachgebetet hat!« jammerte der Bauer und sah betreten zu Boden. »Hauptsache, der Riese ist wach, alles andere regeln wir später!« meinte der alte Förster und machte sich auf den Weg ins Wirtshaus.

Die Bäuerin und der Bauer starrten hoch zur Höhle, sie wollten schauen, ob der Heime vielleicht herauskommt, denn sie hatten den

Riesen schon eine ganze Weile nicht mehr gesehen. Und siehe da, es dauerte nicht lange, und das struppige, gewaltige Riesenhaupt lugte zögernd aus der Höhle. Heime blinzelte mit den Augen, bis er sich an das grelle Sonnenlicht gewöhnt hatte und trat schließlich heraus. Den Weiblingers verschlug es den Atem, als sie den Riesen in seiner vollen Körpergröße vor der Höhle stehen sahen. So groß hatten sie ihn wahrlich nicht mehr in Erinnerung gehabt. »Ob er immer noch wächst?« flüsterte Weiblingers Frau ängstlich. Der Bauer zuckte mit den Achseln. Woher sollte er das wissen? Die anderen Neidlinger, die den Riesen ebenfalls anstarrten, waren auch sichtlich erschrokken, und es verging keine Minute, da hörte das Glockengeläut abrupt auf.

»Ich hab' gut geschlafen, ihr kleinen Menschenwinzlinge! Tat das gut!« Heimes Stimme rollte den Berg hinunter wie der schlimmste Donner zur Zeit der großen Sintflut nicht geklungen haben konnte. Die Leute hielten sich die Ohren zu, manche liefen verängstigt in ihre Häuser, andere hingegen kamen neugierig heraus, um den Riesen zu sehen.

»Und wißt ihr was, ihr Winzlinge, ich hatte einen Traum!« Wieder dröhnte seine Stimme, so daß der Erdboden bebte und die Bäume zitterten. Als keiner der Menschen etwas sagte, fuhr der Riese fort: »Ich träumte von einem Schloß, das ich mir auf dem Hügel hier gegenüber bauen ließ, dort auf dem Reußenstein!« Die Neidlinger sahen einander an und fragten sich, was das wohl zu bedeuten habe. »Und ich habe mir gedacht, dieser Traum ist gut. Ich werde mir ein Schloß bauen. Wer mithilft, wird gut bezahlt!«

Spontan klatschten die Neidlinger Beifall. Der Riese war in bester Stimmung, wie jeder sehen konnte. Außerdem wußten sie, daß Heime unermeßliche Gold- und Silberschätze in seiner Höhle versteckt hatte und für gute Arbeit auch gut zahlte. Sie berieten sich kurz und schmiedeten einen Plan: Der Bürgermeister sollte zusammen mit dem Baumeister den Riesen nach seinen Vorstellungen fragen und dann einen Entwurf erarbeiten, wie das Schloß aussehen könnte.

In Windeseile war alles geregelt. Der Baumeister zeigte den verschiedenen Handwerkern, an welcher Stelle das Schloß wie aussehen sollte, Bäume wurden gefällt, Steine herangeschafft, und bald stand ein wunderbares Schloß mit riesigen Ausmaßen auf dem Reußenstein. Heime war mehr als zufrieden. Er sparte nicht mit anerkennenden und lobenden Worten, und die Handwerker freuten sich schon auf ihren Lohn.

Doch plötzlich blieb der Riese stehen, sein Blick verdüsterte sich und mit stechenden Augen sah er zu einer ganz bestimmten Stelle am obersten Fenster im höchsten Turm. Unsicher folgten die Augen der Menschen seinem Blick. Sie konnten keinen Fehler erkennen. Nervös traten sie von einem Fuß auf den anderen.

»Da oben am Fenster fehlt ein Nagel!!!« donnerte der Riese mit fürchterlicher Stimme, so daß alle Menschen fluchtartig den Platz verließen und sich zitternd im Wald versteckten. »Keiner bekommt seinen Lohn, bis nicht der Nagel eingeschlagen ist!« drohte der Riese und stapfte wütend zu seiner Höhle auf dem Heimenstein. Bei jedem Schritt, den er auf den Boden setzte, erbebte die Erde und die Mauern des neuen Schlosses zitterten.

»Hoffentlich stürzt es nicht zusammen!« flehte der Baumeister und überlegte sich fieberhaft, wie der fehlende Nagel eingeschlagen werden könnte. Der höchste Turm des Schlosses ragte hoch in den Himmel, und das Fenster, an dem der Nagel fehlte, war fast unzugänglich. Man müßte einen Mann oben mit einem Seil herunter lassen und dann ... Aber der Mann konnte ja nicht von einem Spitzdach, das den Turm bedeckte, heruntergelassen werden. Vielleicht mußte der ganze Turm abgerissen und wieder neu aufgebaut werden? Doch das ging auch nicht, denn er war geschickt mit den anderen Teilen des Schlosses verbunden. Vor Verzweiflung traten dem Baumeister Tränen in die Augen.

Inzwischen hatten sich die Menschen wieder aus ihren Verstekken gewagt. Man beriet gemeinsam, wie man den Nagel einschlagen könnte, und vor allem, wer die mutige Tat auf sich nehmen wollte. Inzwischen waren sie sich zumindest einig, daß man irgendwie an der Wand ein Stück nach oben klettern, den Nagel einschlagen und irgendwie wieder zurückkommen müßte. Die Idee beinhaltete leider zuviel »irgendwies«, und keiner konnte sich ein Herz fassen, das Risiko des eigenen Todes in Kauf zu nehmen, um den Nagel einzuschlagen.

Wie die Menschen noch zusammenstanden und über andere Möglichkeiten nachdachten, streckte der Riese seinen Kopf kurz aus der Höhle heraus und brüllte: »Dem, der den Nagel einschlägt, verspreche ich den zehnfachen Lohn!«

Die Neidlinger duckten sich unter seinen Worten und schwiegen. Jeder war mit sich und seinen eigenen Gedanken beschäftigt, bis der Pfisterer Jakob, ein Schlossergeselle, das Schweigen brach. »Ich werd's versuchen!« sagte er und schaute mutig zum Schloß. Ein Murmeln ging durch die Menge. Jeder wußte, daß der Jakob Pfisterer in die Lene, die Tochter des Schlossermeisters von Neidlingen, verliebt war. Da der Vater es aber ablehnte, ihm seine Tochter zur Frau zu geben, mit der Begründung, er sei zu arm, war Jakob in einer schrecklichen Gemütsverfassung. Er aß kaum noch etwas und schlafen konnte er auch nicht viel – so sehr tat ihm sein gebrochenes Herz weh. »Damit will er sich also das Geld für die Lene verdienen!« flüsterten die Leute und sahen ihn mit großen Augen an.

Jakob Pfisterer hatte sich die Sache gut überlegt. Ohne die Lene wäre sein Leben sowieso nur grau und leer. Stürzte er ab, dann wäre er auch den Schmerz seines gebrochenen Herzens los. Doch wenn es ihm gelingen sollte, den Nagel einzuschlagen, dann wäre er ein reicher Mann, und der Schlossermeister könnte ihm die Lene nicht mehr verweigern. Jakob konnte seiner Meinung nach also nur gewinnen. Ruhig ging er hinüber zur Höhle des Riesen und rief hinein: »Heime, ich schlag' dir den Nagel ein. Stehst du zu deinem Wort mit dem zehnfachen Lohn?« »Ja!« brüllte es aus dem Innern der Höhle, so daß die Erde bebte. Zufrieden machte Jakob kehrt und kletterte die Treppen im Turm hinauf. Da es Stufen für den Riesen waren, mußte er bei jeder eine Leiter anlegen. So dauerte es fast eine Stunde, bis er am obersten Fenster des höchsten Turmes angelangt war. Heime, der neugierig geworden war, kam aus seiner Höhle heraus und betrachtete ernst den Turm. »Mutig ist dieses Menschlein schon, das muß ich ihm lassen«, ging es dem Riesen durch den Kopf. Er hielt die Menschen allesamt für Feiglinge und Angsthasen. Beim kleinsten Wutanfall, den er hatte, brachen die meisten schon vor Angst in Tränen aus und schlotterten mit den Knien.

Jakob Pfisterer schaute aus dem obersten Fenster heraus. Einen Nagel hielt er zwischen den Zähnen, und einen Hammer hatte er sich in die Hose gesteckt. Er beugte sich weit aus dem Fenster, um die Stelle zu finden, wo der Nagel hingehörte. Ein angstvolles Stöhnen ging durch die Menschenmenge, die unten am Turm versammelt war und mit bleichen Gesichtern nach oben starrte. »Das schafft er nie!« flüsterte der Baumeister. »Er wird runterfallen«, meinte auch Bauer Weiblinger, »beim kleinsten Windstoß verliert er das Gleichgewicht.« »Oh Herr, hilf!« betete der Pfarrer und schickte ein inbrünstiges Stoßgebet gen Himmel.

Vom Heimenstein zum Reußenstein

Ausgangspunkt: Neidlingen
Weglänge: 9 km
Gehzeit: 3,5 Stunden
Anreise: Mit Bahn und Bus über Wendlingen, Kirchheim unter Teck, Weilheim unter Teck nach Neidlingen. Mit dem Auto über die A 8 bis zur Ausfahrt Kirchheim unter Teck, dann auf der B 465 in Richtung Kirchheim bis auf der Umgehungsstraße das Schild nach Weilheim unter Teck weist. Durch Weilheim hindurch in Richtung Wiesensteig bis nach Neidlingen. Parkmöglichkeiten in der Ortsmitte von Neidlingen oder am Ortsrand (dazu gegenüber dem Rathaus nach rechts in die Kirchstraße einbiegen, dann immer der Lindach entlang bis zum Parkplatz).
Wanderkarten: Topograph. Karte 1:50000 L 7522 Bad Urach, Umgebungskarte Blatt 18 Reutlingen – Bad Urach oder Blatt 15 Göppingen – Geislingen.

Plötzlich kam Bewegung in den Riesen. Er bewunderte den Mut des Schlossergesellen sehr und wollte auf keinen Fall, daß dieses seltene Exemplar eines Menschen nur wegen eines Nagels sterben müßte. Er ging in sein Schloß und stieg in den Turm hinauf. Am Fenster angelangt, streckte er seine Riesenhand aus, packte den Jakob Pfisterer am Genick und hob ihn hoch zu der Stelle, wo der Nagel fehlte. Alle hielten gespannt die Luft an. Konnte der Riese seine Kräfte so bändigen, daß er dem Jakob nicht das Genick brach? Würde der Riese ihn fallenlassen, wenn der Nagel eingeschlagen war?

Ohne zu zittern und ohne daneben zu hauen, schlug der Jakob den Nagel ein. Behutsam ging der Riese in die Knie und setzte den Schlossergesellen vorsichtig am Boden ab. »Ich habe nicht geglaubt, daß einer von euch Menschenzwergen einen solchen Riesenmut hat!« sagte der Riese anerkennend, und diesmal war seine Stimme sanft wie ein lauer Frühlingswind.

Wanderung: Neidlingen wird auf drei Seiten von steilen Bergen umrahmt, die sich mehr als 300 Meter über den Ort erheben. Südlich über dem Lindachtal thront hoch oben an der Bergkante auf senkrecht abfallendem Fels die Ruine Reußenstein, gegenüber ragt der Heimenstein in den Himmel. Wenn wir unsere Wanderung in der Ortsmitte von Neidlingen beginnen, biegen wir zunächst gegenüber dem Rathaus in die Kirchstraße ein und gehen auf dieser Straße, immer dem Bach entlang, bis zum Parkplatz. An diesem vorbei geht's parallel zur rasch fließenden Lindach auf geteertem Feldweg etwas aufwärts.
Wir bleiben im Talgrund bis wir ca. 1,5 Kilometer nach dem Parkplatz zu einer Grillstelle mit Hütte gelangen. Von der Hütte aus haben wir nun zwei Möglichkeiten zum Neidlinger Wasserfall zu gelangen: Leichter, aber nicht so romantisch, geht's den Feldweg gegenüber der Grillstelle am Hang aufwärts und bald auf einem Fußweg nach rechts (Süden) in den Wald hinein bis zum Wasserfall. Schöner ist es, von der Hütte aus weglos am Bach entlang zu gehen. Bald kommt von links ein kleiner Bach herunter, dies ist bereits der Wasserfallbach. Schon ist auch das Rauschen des Neidlinger Wasserfalles zu hören. Wir folgen dem Bachlauf links oder rechts auf Trittspuren bis zum Wasserfall. Das Wasser stürzt

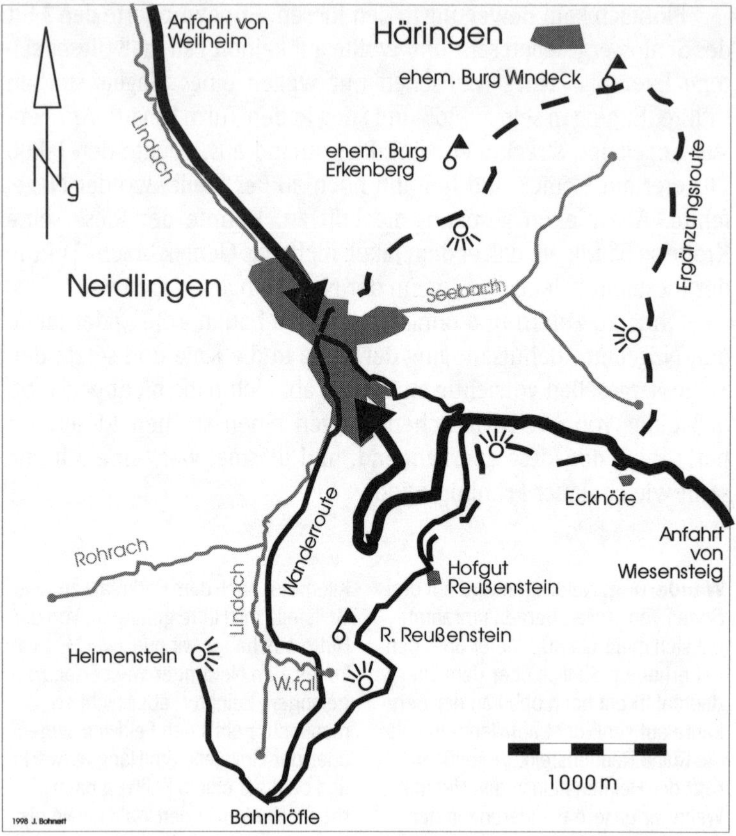
Anfahrt von Weilheim
Häringen
ehem. Burg Windeck
Lindach
ehem. Burg Erkenberg
Ergänzungsroute
Neidlingen
Seebach
Eckhöfe
Anfahrt von Wiesensteig
Rohrach
Wanderroute
Hofgut Reußenstein
Lindach
R. Reußenstein
Heimenstein
W.fall
1000 m
Bahnhöfle
1998 J. Bohnert

über eine »Tropfnase« in die Tiefe. Der sich aus dem Wasser abscheidende Kalk hat diese »Naturgießkanne« selbst aufgebaut. Treppenstufen führen entlang des Wasserfalltobels hinauf zu einem quer verlaufenden Forstweg. Von dort kann man noch ein paar Schritte hinauf zur Quellnische laufen. Die Wanderung wird auf dem Forstweg fortgesetzt, auf dem wir nach rechts weitergehen. Bald gelangen wir auf einem Fußpfad zum Bahnhöfle. Diese Bezeichnung kam auf, als die damals neuen Bahnhöfe mit vielen Gleisverzweigungen großen Eindruck machten. Vom Bahnhöfle gehen sechs Wege bzw. Straßen aus. Um den Unterschlupf des Riesen Heime kennenzulernen, machen wir einen Abstecher: Wenn wir mit Blick auf den Reußenstein vor der Sitzgruppe stehen, gehen wir den Forstweg mit dem Zeichen rotes Dreieck nach links (Nordwesten) zum Heimenstein. Nach ca. 500 Metern zweigt unser Pfad mit dem roten Dreieck nun als Erdpfad nach rechts ab und führt direkt an der Hangkante entlang zum Heimenstein. Von einer früheren Burg finden sich keine Spuren mehr, wohl aber führt durch den Fels ein Höhle steil nach unten. Vorsicht! Kleine Kletterkünste müssen geübt werden. Sehr romantisch ist der Blick durch das Höhlenloch zum gegenüberliegenden Reußenstein. Hier saß der Riese Heime und sann dem Burgenbau auf dem steilen Felsen nach.

Auf demselben Weg gehen wir zurück zum Bahnhöfle, dann halblinks (Nordosten) auf der Autostraße in Richtung Wiesensteig. Schon nach wenigen Metern verlassen wir die vielbefahrene Straße auf einem Fußpfad nach links. Mit etwas Aufmerksamkeit ist diese Abzweigung nicht zu versäumen. An einer Waldecke kommen wir auf den geteerten Zugangsweg von der Autostraße zur Ruine, hier gehen wir nach links. Von einem gewaltigen Felsklotz hat man eine Nahansicht der Burg. Man kann sich ausmalen, an welcher Stelle der Nagel aus der Sage fehlte. Zur Ruine geht's hinab in einen natürlichen Graben. Durch die Bäume hindurch bietet das Ganze einen märchenhaften Anblick. In der Ruine können keine Mauern bestiegen werden; auch der Bergfried ist unzugänglich. Unterhalb der Kernburg wurden Reste einer Vorburg restauriert.

Direkt unter der Hangkante führt der Albvereinsweg dann zum Hofgut Reußenstein, das gute und preiswerte Landkost bietet. Vom Hofgut führt ein alter Fahrweg hinab nach Neidlingen, dem Ausgangspunkt der Wanderung. Schöner ist der Umweg auf einem Fußpfad immer dem Albtrauf entlang, der zunächst zum Aussichtsfelsen an der Ecke des Berges führt. Den Einstieg zu diesem Fußpfad finden wir, wenn wir den Weg vom Reußenstein herkommen. Wo dieser auf den abwärts führenden Forstweg trifft, erkennen wir gegenüber die nach links aufwärts

Auf dem Heimenstein lohnt sich ein Blick durch das Höhlenloch
auf die gegenüberliegende Ruine Reußenstein.

führenden Pfadspuren. Auf diesem Weg gelangen wir – immer entlang der Hangkante – nach ca. 1 Kilometer auf den erwähnten Eckfelsen mit weiter Sicht ins Neidlinger Tal und hinaus ins Albvorland. Vom Felsen aus gehen wir zunächst nach rechts weiter, dann folgen wir einem Feldweg nach rechts zum Zugangsweg Eckhöfe-Reußensteinhof. Schließlich wird die Landstraße L 1200 (Wiesensteig-Neidlingen) überquert, hier befindet sich ein Wanderparkplatz. Auf dem geteerten Waldweg geht es dem Albtrauf entlang nach Norden weiter. Nach 400 Metern führt in einem Bergwinkel eine alte und nicht mehr befahrene Straße steil hinab nach Neidlingen.
Wer immer noch Tatendrang verspürt, kann weitere 5 Kilometer anhängen und geht in derselben Richtung dem Trauf entlang nach Norden. Ein hervorragender Aussichtsfelsen an einer kleinen Bergecke ist leicht zu finden. Etwa 500 Meter vor der Hochspannungsleitung führt dann das Zeichen blaues Dreieck nach links steil hinab. Die Burgstelle Windeck wird überschritten (ohne Zeichen). Von Windeck aus bleiben wir immer auf dem Grat bis zum Fuß des dort steil ansteigenden Erkenberges. Hier führt ein Erdweg hinab zu einem guten Forstweg (ab hier wieder mit dem Zeichen blaues Dreieck). Dieser Weg führt nach 500 Metern aus dem Wald, an einem naturgeschützten Magerrasengebiet vorbei (schönste Blütezeit im Mai) und schließlich steil hinab nach Neidlingen.

Die verwunschene Frau auf dem Urschelberg

Seit ihm Pfeiffers Gottfried vom versunkenen Schloß im Urschelberg erzählt hatte, ließ den Frieder der Gedanke nicht mehr los, dieses Gebäude mitsamt dem Schatz, den es angeblich beherbergte, zu finden. Mit eigenen Augen wollte er es sehen, und insgeheim träumte er davon, daß er vielleicht auserwählt sei, den Schatz zu heben, den es in dem versunkenen Schloß ganz gewiß gab. Tief in Gedanken versunken stand er vor dem Misthaufen, den Kopf auf den Knauf der Mistgabel gestützt. Seine Mutter, die ihn schon eine ganze Weile beobachtete, konnte sich nun nicht mehr länger zurückhalten: »Mein Gott Frieder, wo bist du denn mit deinen Gedanken!« rief sie laut, und Ärger schwang in ihrer Stimme mit. »Willst du denn warten, bis die Fliegen unseren Misthaufen abgetragen haben?«

Frieder zuckte zusammen. Er tauchte aus seiner Traumwelt auf, ergriff sogleich die Mistgabel und machte sich wieder an die Arbeit. »Ist es wahr, daß im versunkenen Schloß im Urschelberg ein Schatz liegt?« fragte er seine Mutter und ignorierte deren schlechte Laune. Die Mutter schüttelte den Kopf. »Wo der Bub nur seine Gedanken hat«, dachte sie mißbilligend, laut sagte sie: »Das weiß doch ich nicht, und es ist mir auch egal. Und dir sollte das auch egal sein!« setzte sie hinterher. Schon so oft hatte sie ihren ältesten Sohn bei Tagträumereien ertappt. Von wem er diese Eigenschaft nur hatte? Sie war eine bodenständige Bäuerin, genauso wie sein Vater ein rechtschaffener Bauer war. Solcherlei Flausen hatte sonst keiner in der Familie im Kopf.

Noch am selben Abend besuchte der Frieder die alte Frau Eberle, von der jeder wußte, daß sie sich mit Sagen und Märchen auskannte. Als Franz sie nach dem Schatz im Urschelberg fragte, sah sie ihn überrascht an. »Seit wann interessiert sich einer von euch für die Urschel? Ich dachte, eure Familie hätte nur Haus und Hof im Kopf.«

»Ich jedenfalls interessiere mich dafür!« antwortete der Frieder und fuhr fort: »Ich würde gern mehr über die Urschel erfahren, kannst du mir nicht etwas über sie erzählen?« bat er inständig.

»Ja die Urschel . . .«, versonnen sah Frau Eberle ins Leere, »irgendwann mußtest du ja mal fragen. Ich hab' eigentlich erwartet, daß du es früher getan hättest . . . Aber das ist wahrscheinlich der Einfluß deiner Familie, immer nur 'schaffe, schaffe, Häusle baue'!«

»Warum hätte ich denn schon früher fragen sollen?« entgeistert sah der Frieder sie an. Was hatte denn das zu bedeuten?

»Ja, hat dein Vater es dir nicht erzählt?« erstaunt blickte die alte Frau Eberle den Frieder an.

»Nein! Was denn?« Frieder war ganz verstört. Zu seinem Vater hatte er sowieso keinen guten Kontakt, viel sprachen sie nicht miteinander. Und seine Mutter – da hatte die alte Eberle Recht – hatte wirklich nur Haus, Hof und Geld im Kopf.

»Deine Mutter weiß nichts davon«, orakelte die Alte, »aber dein Vater hat mir erzählt, was ihm vor über zwanzig Jahren passiert ist.«

»Ja, was denn?« Frieders Nerven flatterten. Wenn die alte Eberle weiter so um den heißen Brei herumredete, würde ihm bald der Geduldsfaden reißen.

»Dein Vater hat als junger Mann die Urschel getroffen. Im Wald, beim Holzholen. Und sie hat ihm die Buche gezeigt, die sie vor hundert Jahren gepflanzt hat. Die Buchecker, aus der der Baum gewachsen war, hatte sie mit guten Segenssprüchen verzaubert. Wer auch immer als Kind in der Wiege, die aus diesem Holz geschnitzt war, liegen würde, könnte die alte Urschel erlösen.«

Frieder wurde leichenblaß im Gesicht. Er hatte als Kind in einer Buchenwiege gelegen, die sein Vater, als Frieder ein eigenes Bettchen bekam und für die Wiege zu klein war, verbrannt hatte. Keiner wußte damals, warum sie die Wiege nicht für seine Geschwister behalten hatten, so hat es ihm zumindest seine Mutter erzählt. Ob das die Wiege der Urschel gewesen war?

»Ja, ja«, die alte Frau Eberle kicherte, »du vermutest schon richtig. Du bist das Kind, das in Urschels Wiege lag, und du kannst sie auch erlösen.«

»Ich, ich, soll, soll die Urschel erlösen?« stotterte der Frieder.

Frau Eberle nickte. »Die Urschel sitzt im Inneren des Urschelberges – du mußt wissen, daß er innen hohl ist – in ihrem Schloß, das vor vielen hundert Jahren versunken ist, und wartet darauf, erlöst zu werden.«

Frieder fühlte eine seltsame Regung in seinem Herzen. Als ob er sein ganzes Leben nur auf diesen Moment hin gelebt hätte. Der Schreck, der ihm in die Glieder gefahren war, löste sich auf und machte einer neugierigen Spannung Platz. »Wie kann ich sie erlösen?« fragte der Frieder und sah die alte Frau gespannt an.

»So, so, der Frieder glaubt, die Urschel erlösen zu können ...«, Frau Eberle kicherte wieder, und man sah, daß sie nur noch wenige Zähne im Mund hatte. »Wenn das deine Mutter hören würde ... Das Schloß der Urschel ist von einer goldenen Kette umgeben, die in den Berg eingegraben ist und die Schätze zusammenhält. Unzählige Kisten voller Edelsteine, Gold und Silber sind es. Und die Urschel, nun, die kann auf verschiedenerlei Art erlöst werden.« Frau Eberle machte eine lange Pause, und Frieder befürchtete schon, sie würde einschlafen. »Beim nächsten Vollmond – und der ist morgen – mußt du um Mitternacht hoch auf den Urschelberg. Kann sein, daß du ihr begegnest. Sie wird dir schon sagen, wie du ihr helfen kannst!«

In dieser Nacht machte der Frieder kaum ein Auge zu. Aufgeregt fieberte er dem nächsten Tag entgegen, an dem er vielleicht die Urschel treffen würde. In der darauffolgenden Nacht, kurz vor Mitternacht, schlich er sich aus dem Haus. Alle schliefen, ab und zu hörte man aus dem Stall eine Kuh im Traum muhen. Der Vollmond goß sein Licht über den Hof. Frieder hatte keine Mühe, den Waldweg zu erreichen, der hoch auf den Gipfel des Urschelberges führte. Er wanderte unter den Bäumen den Weg entlang und war auch fast schon oben angekommen, als es plötzlich im Gebüsch laut raschelte. Frieder blieb stehen und lauschte gespannt. Da sprang plötzlich eine wunderschöne junge Frau auf den Weg und strahlte ihn an. Sie trug ein schneeweißes langes Gewand, das in der Taille von einem funkelnden, mit Edelsteinen besetzten Gürtel zusammengehalten wurde. Langes blondes Haar fiel über ihre Schultern. Frieders Herz schlug schneller, und vor Überraschung bekam er kein Wort heraus. Er hatte damit gerechnet, daß die Urschel ein uraltes, häßliches Weiblein sei – und nun dies!

»Es freut mich sehr, daß wir uns kennenlernen!« sagte die Urschel und streckte Frieder die Hand hin. Schüchtern ergriff er sie und staunte, als sie sich wie eine ganz normale Menschenhand anfühlte.

»Ich, äh, ich bin gekommen, um Sie zu erlösen«, sagte der Frieder und kam sich im selben Moment sehr kindisch vor. Was für ein dummer erster Satz zu einer unbekannten Frau!

»Das freut mich ungemein!« antwortete die Urschel freundlich und lächelte. Frieder war drauf und dran, sich unsterblich in sie zu verlieben.

»Und wie kann ich das anstellen?« fragte der Frieder unsicher.

»Ganz einfach. Du mußt mich küssen!« sagte die Urschel keck und sah ihm geradewegs in die Augen.

»Nichts lieber als das!« dachte der Frieder und fragte zögernd: »Und wann und wie?«

»Die Tage, an denen du mich küssen mußt, nenne ich dir. Nur mußt du wissen, daß ich dir jedesmal in einer anderen Gestalt erscheinen werde. Du wirst mich wahrscheinlich nicht mehr für so hübsch halten wie jetzt«, sagte sie und schaute zu Boden. »Ich werde ganz schrecklich, furchterregend, grausam und häßlich aussehen, vielleicht sogar stinken und riesig groß oder winzig klein sein. Doch wenn du tapfer bleibst und mutig genug bist, mich dann immer noch zu küssen, verwandle ich mich zurück in die Gestalt, in der ich jetzt vor dir stehe!« erklärte die Urschel.

»Ich werde mutig sein!« versprach Frieder und meinte es ernst damit.

»Beim dritten Kuß bin ich erlöst, und ich werde dich reichlich dafür belohnen«, antwortete die Urschel und sah besorgt zum Himmel. »Wenn eine Wolke über den Mond zieht, muß ich verschwinden. Und das wird in den nächsten Minuten passieren.« Nun wandte auch der Frieder den Blick von ihr ab und schaute ebenfalls nach oben. Tatsächlich waren plötzlich ziemlich viele Wolken um den Mond herum aufgezogen. Eilig erklärte ihm die Urschel noch, an welchen Tagen er sie wieder treffen könnte, sagte ihm alle erdenkliche Hilfe bei seinen Arbeiten zu, die er am Urschelberg zu verrichten hatte, und war, kaum daß eine Wolke ihren Schatten auf den Mond warf, verschwunden.

Frieder rieb sich die Augen und konnte es kaum für wahr halten, was er da eben erlebt hatte. Doch da fiel sein Blick auf ein weiß blitzendes Etwas, das an einem Zweig hing. Er ging näher heran und erkannte, daß es ein Fetzen von Urschels Kleid war. Sie war wohl in den Zweigen hängengeblieben und ihr Kleid war gerissen. Glücklich nahm Frieder das schneeweiße Stoffstückchen an sich und ging langsam nach Hause.

Die einzige, die er in sein Geheimnis einweihte, war Frau Eberle. Aber er ließ sie hoch und heilig schwören, nichts weiterzuerzählen, auch seinem Vater nicht und schon gar nicht seiner Mutter. Denen blieb aber nicht verborgen, daß der Frieder sich seit einiger Zeit auffällig verändert hatte. Er strahlte glücklich vor sich hin, sprach mit kaum jemandem mehr und verbrachte mehr Zeit im Wald oben am Urschelberg als sonstwo. Seinem Vater dämmerte langsam, was da vor sich ging. Eines Tages nahm er den Frieder beiseite: »Hast du etwa die Urschel getroffen?« fragte er ohne lange Umschweife. Frieder nickte.

»So ist es also geschehen!« stöhnte der Vater.

»Aber du selbst hast doch die Wiege geschnitzt aus dem Holz, das dir die Urschel gegeben hatte!« entrüstete sich der Frieder.

»Ich hatte gehofft, es sei alles ein böser Traum gewesen, aber nun scheint es ja Wirklichkeit zu werden!«

»Aber was soll denn Schlimmes dabei sein, wenn einer die Urschel erlöst?« fragte Frieder und schaute seinen Vater ungläubig an.

»Ich weiß nicht, ich weiß nicht«, murmelte der Vater, »man hört so viel, man erzählt sich so viel. Ich weiß nicht, ob das alles stimmt. Die einen sagen, daß der, der die Urschel erlöst, sterben muß. Andere behaupten, sie sei ein böser Geist, wieder andere meinen, daß sie den, der sie erlöst, verzaubern wird!«

»Davon glaube ich rein gar nichts, Vater!« antwortete der Frieder mit fester Stimme. »Bitte tu mir den Gefallen und erzähle niemandem etwas von mir und der Urschel und auf keinen Fall der Mutter!«

Traurig nickte der Vater. »Ich verspreche es«, gelobte er. Seit diesem Gespräch war das Verhältnis der beiden wie ausgewechselt. Sie sprachen viel miteinander, die Stimmung war gelöst und so manch einer im Dorf wunderte sich, was da geschehen war.

Noch mehr staunten sie, als sie sahen, wie der Frieder mit seinem Fuhrwerk den Urschelberg hoch und runter fuhr, wenn er Holz holte. Wo andere mühsam den Wagen halten und die Räder verkeilen mußten, damit der Karren nicht den Berg hinunterraste, da fuhr der Frieder wie auf einer ebenen Straße. Auch beobachteten die Bauern, daß er oft mit jemandem zu sprechen schien, den aber keiner sehen konnte. Manchmal hielt Frieder seinen Arm so seltsam, als würde er jemanden umarmen. Schließlich gab es zwei Gerüchte, die im Dorf und der Umgebung verbreitet wurden: Entweder sei der Frieder verrückt geworden oder die Urschel habe ihn auserwählt, sie zu erlösen.

Das zweite Gerücht entsprach zweifelsohne der Wahrheit. Mittlerweile hatte Frieder schon zweimal die Urschel geküßt, wenn auch mit großem Widerwillen und von Panikattacken begleitet. Das erste Mal war sie ihm am vereinbarten Ort als übelriechender, schmutziger, von Ungeziefer befallener Hund erschienen, der den Frieder böse anknurrte und bellte. Doch Frieder bezwang seine Angst und den Impuls fortzulaufen, hielt dem Tier das Maul zu und küßte es. Im selben Moment verwandelte es sich in die Urschel, die ihm glücklich um den Hals fiel. Das zweite Mal war es nicht weniger widerlich gewesen. Sie war ihm als dicke, fette Ratte erschienen, die mit ihren spitzen Zähnen alles andere als harmlos aussah. Zudem funkelten ihre Augen phosphorgelb und blickten ihn ganz irr an. Auch diesmal unterdrückte Frieder den Wunsch wegzulaufen, schnappte sich behende die Ratte, hielt ihr das Maul zu und küßte sie. Sofort stand die Urschel vor ihm, schöner und lieblicher als jemals zuvor. »Nur noch ein einziger Kuß, dann bin ich erlöst!« flüsterte sie. »Doch das letzte Mal wird es am schwierigsten sein, sei wachsam!«

Der Frieder zitterte und Angstschweiß drang ihm aus allen Poren, als er am verabredeten Ort, wo der dritte Kuß der Urschel die Erlösung bringen sollte, die Gestalt erblickte, der er den Kuß geben sollte. Es war ein riesiger, fremdartiger Vogel, der mit krallenbewehrten Füßen und scharfem Schnabel vor ihm auf einem Ast saß. Er breitete drohend seine Schwingen aus und flog schrecklich krächzend um den Frieder herum. Dabei verbreitete er einen Gestank, der Frieder fast ohnmächtig werden ließ. Zum ersten Mal sank ihm der Mut. Doch da machte er sich klar, daß der schreckliche Vogel nur die verwunschene Urschel war und daß die Kräfte eines bösen Zauberers ihr diese Gestalt verliehen. Wenn es ihm gelingen würde, dieses scheußliche Vieh zu küssen, dann wäre die Urschel erlöst. Unverzagt schmiedete er einen Plan. Er wollte den Vogel überlisten. Deshalb kletterte er leise auf einen Baum und kauerte sich auf einem Ast zusammen. Frieder wagte kaum zu atmen, denn er wollte den Vogel glauben machen, er sei aus Angst vor ihm geflohen. Der Riesenvogel drehte mehrere Runden über dem Wald, und als er den Frieder nicht finden konnte, setzte er sich auf einen Ast. Genau unterhalb der Stelle, wo Frieder saß! Dieser nahm jetzt seinen ganzen Mut zusammen. Er sprang auf den Rücken des fürchterlichen Vogels und krallte sich mit der einen Hand an einer seiner Schwingen fest. Zugleich versuchte er mit der anderen Hand, den Schnabel des Tiers zu packen. Alles mußte blitzschnell gehen. Frieder versuchte die Überraschungssekunde, die der Vogel brauchte, um die neue Situation richtig einzuschätzen, für sich zu nutzen.

Doch er bekam den Schnabel des Vogels nicht richtig zu fassen, und im gleichen Moment hatte das Tier auch begriffen, was los war. Wütend drehte es den Kopf und hackte auf den Frieder ein. Blutüber-wagt und alles verloren. Nur der alten Frau Eberle und Frieders Vater strömt fiel er vom Rücken des Vogels und starb noch in derselben Stunde an seinen Verletzungen.

Die Bauern, die ihn am nächsten Tag im Wald fanden, trauten sich zunächst nicht an den Frieder heran. Denn der Boden war übersät mit seltsam funkelnden Federn und ein schrecklicher Aasgeruch hing in der Luft. Als sie sich dann doch vorwagten und ihn untersuchten, standen ihnen vor Schreck die Haare zu Berge. Frieder war auf grausame Art von einem Vogel zerhackt worden!

Beim Begräbnis war das ganze Dorf zugegen, und jeder betete für die Seele des tapferen

Von Pfullingen auf den Urselhochberg

Ausgangspunkt: Pfullingen
Weglänge: 14 km
Gehzeit: 4,5 Stunden
Anreise: Mit der Bahn zum Bahnhof Reutlingen und von dort mit der Stadtbuslinie 2 nach Pfullingen bis zur Haltestelle Lindenplatz. Von dort Richtung Marktplatz, an dessen Beginn nach links in die Schulstraße einbiegen.
Mit dem Auto von Reutlingen aus nach Pfullingen. In der Stadtmitte am Beginn des Marktplatzes nach links in die Schulstraße einbiegen. Dieser ca. 300 Meter aufwärts folgen, bis links der Friedhof kommt; auf der rechten Seite gibt es ausreichend Parkplätze.
Wanderkarten: Topographische Karte 1:50000 L 7520 Reutlingen oder Umgebungskarte Blatt 18 Reutlingen–Bad Urach.

Frieder, denn er hatte viel gewagt und alles verloren. Nur der alten Frau Eberle und Frieders Vater fiel ein kleiner weißer Vogel auf, der im Baum neben dem offenen Grab saß und kleine kristallglänzende Tränen weinte. Als man daranging, das Grab mit Erde zuzuschütten, flog der kleine Vogel davon.

Frau Eberle wandte sich an Frieders Vater: »Die Urschel«, flüsterte sie. Frieders Vater nickte traurig.

Wanderung: Der langgestreckte Urselberg, und darüber wie eine Krone oder eine Festung der Urselhochberg, beherrschen den Austritt der Echaz aus der Schwäbischen Alb. Etliche fast senkrechte Felshänge lassen etwas von der ständigen Abtragung des Albgebirges ahnen.

Von der Stadtmitte aus folgen wir der Schulstraße, nach dem Friedhof gehen wir den Elisenweg entlang, der mit dem Zeichen blaues Dreieck steil hinauf an den Fuß des Urselberges führt. Unser Wanderweg und die Autostraße führen nun nach rechts am Berg entlang. Nach 200 Metern führt die Autostraße und der bezeichnete Wanderweg steil den Berg hinauf zum Urselberg und dann zum Übersberg. Wir aber gehen geradeaus weiter (nun ohne Zeichen) und kommen nach weiteren 500 Metern zur Abzweigung zum Waldcafé. Wenn wir uns von diesem nicht zu einem Abstecher verlocken lassen, gehen wir geradeaus weiter.

In den nächsten 45 Minuten behalten wir diese Richtung – immer nach Süden – bei, bleiben auf beinahe derselben Höhe und halten uns am Waldrand. Rechts ist ein Naturschutzgebiet mit reichem Blütenflor, die Wege dürfen nicht verlassen werden. Unser guter Fußweg ist leicht zu finden, auch wenn er nicht auf der Karte eingezeichnet ist. Dem von rechts heraufkommenden Feldweg folgen wir nach links aufwärts, jedoch keinesfalls scharf nach links. Es geht um den Kugelberg herum, dann fallen linkerhand mächtige Schutthalden ins Auge. Darüber ist der Steilabbruch der Jurakante aus den »Wohlgebankten Kalken« zu sehen. Rechterhand liegen die Schuttmassen eines 1851 niedergegangenen Bergschliffes (= Erdrutsch). Auf dem warmen Steinboden wachsen die südländischen Flaumeichen und auch sonst an Wärme und Trockenheit angepaßte Pflanzen. Im Tal liegt Unterhausen, darüber der Gießstein und weiter hinten an der Talflanke Schloß Lichtenstein.

Wir kommen oberhalb einer Häuserzeile auf eine schmale Wiesenzunge zu, die wir wenige Meter weglos auf-

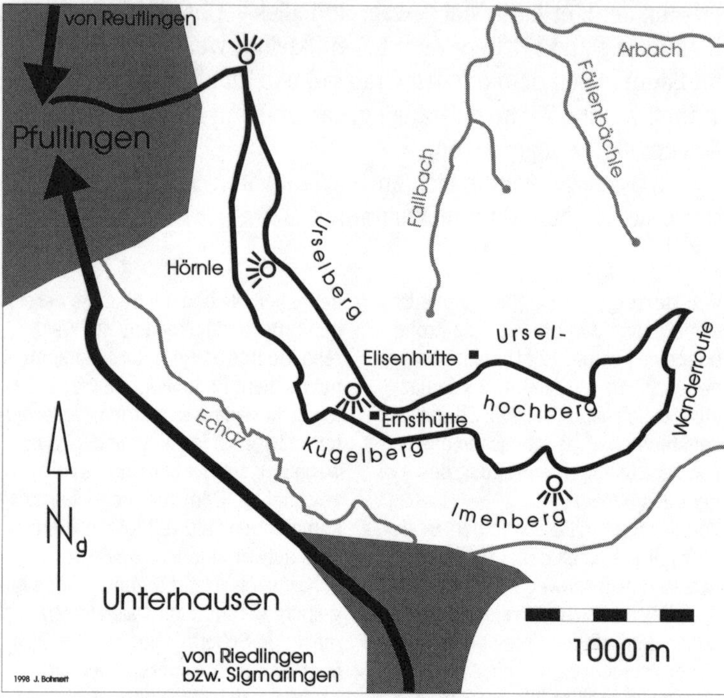
von Reutlingen
Arbach
Fällenbächle
Fallbach
Pfullingen
Urselberg
Hörnle
Ursel-
Elisenhütte
hochberg
Wanderroute
Ernsthütte
Echaz
Kugelberg
Imenberg
N g
Unterhausen
1000 m
von Riedlingen
bzw. Sigmaringen
1998 J. Bohnert

wärts gehen. Bald kommen wir auf einen guten Forstweg, der steil zu einem Bergabsatz am Fuße des Urselhochberges hinaufführt. Ab hier folgen wir nun wieder dem Zeichen blaues Dreieck. Wir sind jetzt auf dem Plateau des Imenberges (es handelt sich um die Fortsetzung des westlich davon gelegenen Urselberges), das mit Hecken, einzelnen Bäumen und Wiesen und dazu noch schönen Aussichten ein sehr malerisches Plätzchen ist. Die Hochfläche zieht sich um den Urselhochberg gleichsam wie eine Stufe. Auf dieser Bergterrasse hat vor Zeiten sicherlich die sagenhafte Kette gelegen.
An einer Weggabelung folgen wir dem unteren Feldweg mit dem Zeichen blaues Dreieck. Der Weg führt durch sehr schöne Bergwiesen, immer wieder mit Ausblick ins Echaz- und ins Zellertal. Hoch vom gegenüberliegenden Berg grüßt Holzelfingen. Am Osthang des Urselhochberges kommen wir zum Sattel »Rangen« beim Punkt 681. Dort treffen sich 10 Wege, bzw. Straßen. Unser Fußpfad auf den Urselhochberg ist leicht zu finden: Bevor wir die Autostraße vor uns erreichen, zieht sich steil nach links hinauf ein Erdweg. Dieser führt ohne Zeichen bis zu einem Forstweg. Am Waldrand – schon auf der Höhe des ausgedehnten Gipfelplateaus – stehen wir dann vor einer großen Bergwiese, zu deren höchstem Punkt ein Wiesenweg führt. Dort findet sich eine Grillstelle, und wir haben nach allen Seiten eine Aussicht. Am Rande des Gipfelplateaus sehen wir Übersberger Hof, Hohe Warte, Stahlecker Hof, Schönbergturm und Roßbergturm auftauchen. Die Wiese selbst ist eine Magerwiese, sie wird nicht gedüngt und nur einmal im Jahr gemäht; daher auch der Name Mäder. Die Flora ist deshalb sehr vielfältig. Irgendwo muß hier der verborgene Eingang zum Bergschloß der Urschel gewesen sein.
Wir wollen nun über den Westgrat absteigen und folgen vom höchsten Punkt aus einem Wiesenpfad, der sich links von dem Wiesenpfad hält, den wir heraufgekommen sind. Der Pfad schwenkt bald halbrechts auf eine große Buche am Waldrand zu. Von dort geht's auf einem besseren Weg durch Wald und dann steil abwärts in einer felsigen Rinne, mit malerischen Ausblicken nach Süden und Norden. Am Fuße des Berges treffen wir auf die Elisenhütte. Ab hier folgen wir bis zu unserem Ausgangspunkt immer dem Zeichen blaues Dreieck, allerdings gehen wir nun gegen die Spitze. Zuerst erreichen wir die Ernsthütte. Parallel dazu könnte auch auf der Autostraße gegangen werden. Vor der Ernsthütte stehen wir über dem fast senkrechten Abbruch des Bergsturzes. Ein breiter Forstweg führt bald abwärts. Am Beginn des Abstieges liegt rechterhand der aufgelassene Steinbruch. Wo der breite Forstweg in einer großen Kehre nach links um das Hörnle biegt, zweigt

unser Fußweg (immer blaues Dreieck) am Scheitel der Kurve nach rechts ab. In angenehmem Gefälle geht es nun am Hang des Urselberges abwärts mit Ausblicken auf den Albtrauf westlich von Pfullingen. Unterhalb des Waldes ist dann leicht zu sehen, wie wir unseren Aufstiegsweg jetzt für den Abstieg verwenden.

Vom Imenbergsattel aus bietet sich diese Aussicht auf den Urselhochberg.

Die Sibylle von der Teck

Vor vielen, vielen Hunderten von Jahren, da lebte in einer Höhle auf der Teck eine Frau, die wurde die Sibylle genannt. Sie war so schön, so gütig und weise, daß alle glaubten, sie sei eine gute Fee oder ein Engel vom Himmel. Sibylle tat viel Gutes, half den Armen und Kranken, wo sie nur konnte, und sagte das Schicksal voraus. Sie wurde von allen geliebt, und die Menschen kamen von weit her, um sich weissagen oder von schweren Krankheiten heilen zu lassen. Tief im Inneren einer Höhle, viele Meter unter der Erde, hatte die weise Frau einen Schatz verborgen. Dort lagen kistenweise Gold, Silber und Edelsteine, die niemals weniger wurden, so viel sie auch den Armen davon schenkte.

Sibylle hatte drei Söhne, die das vollkommene Gegenteil ihrer Mutter waren: häßlich, böse und gewalttätig. Alle Welt fragte sich, wer wohl deren Vater war; man munkelte sogar, es sei der Teufel. Seit sie klein waren, stritten sie nur miteinander, verprügelten sich und quälten die Kinder aus den umliegenden Ortschaften. Sibylle machte sich schreckliche Sorgen und Vorwürfe. Sie glaubte, es sei ihre Schuld, daß ihre Söhne so mißraten waren. Eines Tages hielt sie es nicht mehr aus. »Meine Kinder bringen mich noch um den Verstand!« dachte sie jetzt sicher schon zum hundertsten Male, als sie den ohrenbetäubenden Lärm eines Ringkampfes vernahm, bei dem die Brüder ihre Kräfte maßen. »Ich muß weg von hier!« beschloß sie. Tränen standen ihr in den Augen, denn die Menschen, für die sie jahraus jahrein dagewesen war, standen ihr alle sehr nahe. Die alte Frau Teuberlein und der Kuhhirte Alfred, die täglich zu ihr kamen, um ihr etwas zu essen zu bringen und sich mit ihr zu unterhalten, die hatte sie ganz und gar in ihr Herz geschlossen. »Wie soll ich die nur verlassen?« Tränen tropften der Sibylle aus ihren wunderschönen blauen Augen.

»Du Mistkerl, dir werd ich's zeigen«, brüllte in diesem Moment der älteste Sohn und würgte seinen Bruder, bis dieser ganz blau im Gesicht wurde. »Laß sofort deinen Bruder los!« rief Sibylle und lief zu den Streithähnen. »Ich werde ihn töten!« schrie ihr Sohn und würgte weiter. »Das wirst du nicht!« sagte die Mutter mit fester Stimme und legte einen Zauber über die Kämpfenden. Im selben Moment fielen die drei für einige Zeit in tiefen Schlaf. »Ich kann sie doch nicht in einen Dauerschlaf versetzen!« dachte Sibylle und weinte noch mehr. Warum waren ihre Söhne nur so böse und grausam. Was hatte sie nur falsch gemacht?

In diesem Moment kam Anna Teuberlein daher geschlurft. In der einen Hand trug sie einen großen Korb voller roter Äpfel, in der anderen hatte sie eine Kanne mit frischer Milch. »Ich hab' dir was Feines mitgebracht, meine Gute!« rief sie schon von weitem. Doch als sie sah, wie tränenüberströmt das Gesicht der Sibylle war und wie gerötet die Augen, verstummte sie erschrocken. So hatte die schöne, weise Frau noch nie ausgesehen. Als ihr Blick auf die drei schnarchenden jungen Männer fiel, war ihr alles klar. Die hatten sich also wieder gestritten, wie jeden Tag.

»Anna, was soll ich nur tun?« flehte Sibylle die alte Frau an. Das war noch nie passiert. Sonst war die Sibylle immer diejenige, die andere Menschen tröstete, ihnen Ratschläge gab und half. Frau Teuberlein eilte auf sie zu und legte tröstend den Arm um ihre Schulter.

»Ich muß weg von hier!« schluchzte Sibylle. »Ich kann nicht mehr bleiben, ich halte es nicht mehr aus!«

Frau Teuberlein nickte. »Wohin willst du denn?« fragte sie mit sanfter Stimme.

»Weg, einfach nur weg!« entgegnete Sibylle.

»Dann tu es. Wenn dein Entschluß feststeht, darfst du nicht zögern«, sagte die Alte mit fester Stimme.

»Und ihr?« Traurig sah sie Anna Teuberlein aus tränenverschleierten Augen an. »Nimm auf uns keine Rücksicht, wir schaffen es schon. Du hast mir so viel beigebracht, ich kenne alle Heilkräuter und Heilsprüche, die du mich gelehrt hast, auswendig, und die kleine Sophia weiß auch schon eine ganze Menge. Du warst lange genug für uns da! Brich auf, bevor es zu spät für dich ist!«

Die Seherin nickte. »Ich lasse dir den ganzen Schatz da, er gehört dir«, sagte sie ernst und sah Anna Teuberlein dabei in die Augen. »Verteile ihn unter den Armen, gib den Kranken und Notleidenden, und er wird nie ausgehen. Sobald du ihn aber für deine eigenen Zwecke benützt, verschwindet er sofort.«

»In Ordnung.« Die alte Frau sah Sibylle fest in die Augen.

»Folge mir!« forderte Sibylle Frau Teuberlein auf.

Gemeinsam verschwanden sie in der Höhle und stiegen viele, viele Stufen hinunter ins Innere des Berges. Den Weg beleuchteten Fackeln, die schon seit Anbeginn der Welt hier brannten. Plötzlich stießen sie auf eine große eiserne Tür. Sibylle blieb stehen, streifte sich einen Ring vom Finger und reichte ihn der alten Teuberlein. »Nimm den Ring an einen Finger. Nur wer den Ring trägt, kann die Tür öffnen!« Anna Teuberlein tat wie geheißen. Sie streifte den Ring über ihren Ringfinger, er paßte wie angegossen. Dann drückte sie die Klinke der dunklen Eisentür. Und siehe da – sie öffnete sich, als ob es ein leichtes Gartentor wäre. Vor ihren Augen tat sich eine riesige Höhle auf, die über und über angefüllt war mit Schatzkisten, aus denen Schmuck, Gold- und Silberstücke, Edelsteine und Perlen funkelten. »Oh!« entfuhr es Frau Teuberlein. »Denk daran. Diese Schätze sind nicht für dich, sondern nur für die Notleidenden bestimmt!« flüsterte Sibylle. Frau Teuberlein nickte. Sie hatte verstanden.

»Und jetzt komm mit mir!« Sibylle nahm die alte Frau bei der Hand und zog sie mit sich. Sie verließen die Schatzkammer, verschlossen die Tür und gingen einen dunklen Gang entlang, der zu einer anderen Höhle führte. Darin stand ein goldener Wagen, vor den zwei riesengroße Katzen gespannt waren. »Damit kann ich durch die

Lüfte fliegen«, erklärte die Sibylle. »Noch heute werde ich dieses Land verlassen. Doch in Gedanken werde ich immer bei euch sein!« Sie drückte die alte Frau an sich und gab ihr rechts und links einen Kuß auf die Wange. »Paß gut auf dich auf, und sage bitte auch Alfred Lebwohl, in meinem Herzen habt ihr einen festen Platz!« Frau Teuberlein schluckte und kämpfte mit den Tränen. Doch sie wollte Sibylle den Abschied nicht schwerer machen, als er ohnehin schon war. »Ich werde es tun!« antwortete sie.

Da ging die Sibylle einige Schritte auf das Katzengespann zu, nahm es am Geschirr und führte es aus der Höhle. Frau Teuberlein folgte ihr. Als die Sonnenstrahlen auf den goldenen Wagen fielen, strahlte er auf und glänzte hell mit der Sonne um die Wette. Die Sibylle schwang sich auf den Sitz des Gespanns und nahm die Zügel in die Hand. »Lebt wohl ihr Hügel, ihr Wälder und Felder! Vergeßt mich nicht ihr Blumen und Gräser, ihr Tiere und Menschen!« rief sie und schnalzte mit der Zunge. Da erhob sich das Katzengespann und galoppierte die Teck hinunter über Wälder und Felder. Schließlich war sie am Horizont verschwunden. Frau Teuberlein lächelte. Sie spürte, daß Sibylle die richtige Entscheidung getroffen hatte. »Ich werde dein Werk fortsetzen«, versprach die alte Frau.

Noch heute kann man die Spur, die die Wagenräder des Katzengespanns auf der Erde

Von Dettingen auf den Teckberg

Ausgangspunkt: Dettingen/Teck
Weglänge: 16 km
Gehzeit: 6 Stunden
Anreise: Mit der Bahn über Plochingen – Wendlingen – Kirchheim/Teck bis Dettingen/Teck. Von Montag bis Freitag muß in Kirchheim in den Bus umgestiegen werden. Vom Bahnhof Dettingen gelangen wir über die Bahnhofstraße und die Schulstraße zur Ortsmitte. Mit dem Auto auf der A 8 bis zur Ausahrt Kirchheim/Teck, dann in Richtung Blaubeuren bis Ortsmitte Dettingen/Teck.
Wanderkarten: Topographische Karte 1:50000 L 7322 Göppingen und L 7522 Bad Urach oder Umgebungskarten Blatt 15 Göppingen – Geislingen oderBlatt 18 Reutlingen – Bad Urach.

hinterlassen haben, sehen. Vom Sibyllenloch aus geht sie den steilen Teckberg hinab, dann wieder in die Höhe über den Kahlenberg, dicht unter dem Mockel vorbei, weiter über den Grötzenbühl, den Dettinger Teich hinunter durch die Lauter und die Weinberge und verschwindet dann im Reigelwald. So bewahrt die Natur die Erinnerung an die Sibylle.

Wanderung: Vom Bahnhof Dettingen/Teck (352 m NN) bis zum Teckgipfel mit seinen 775 Metern sind 420 Höhenmeter zu bezwingen; dazu kommt noch etwas Auf und Ab über die Hügel westlich der Lenninger Lauter mit nochmals 140 Höhenmetern. Wir erleben auf diese Weise das Mittelgebirge der Schwäbischen Alb ganz unmittelbar in Knochen und Muskeln. Hinzu kommt, daß der Teckberg seine Gestalt je nach Blickwinkel sehr verändert. Von Dettingen aus gesehen, ragt er hoch und schlank über das Land.

In der Ortsmitte von Dettingen biegen wir nach der Kirche rechts in die Hintere Straße ein und bald wieder links in die Mühlstraße, der wir bis zur Brücke über die Lauter folgen. Unter der sehr schönen, doppelbogigen alten Brücke ist an der Lauter ein einfacher Badeplatz eingerichtet. Jenseits der Brücke geht es halblinks die mit einer blauen Raute bezeichnete Schloßgasse aufwärts. Am Ortsende findet sich der Hinweis auf eine Burg, die im Bauernkrieg zerstört wurde. Der Burghügel ist noch gut zu sehen.

Nun geht es lange auf geteerter, aber nur wenig befahrener Straße zwischen Obstbäumen leicht bergan. Der Blick auf Dettingen und zur Teck wird nun immer schöner. Am schönsten ist er dann vom Käppele, unserem ersten Höhepunkt. Dort steht auch eine Schutzhütte für Wanderer. Ein Sühnekreuz erinnert an eine Mordtat. Die Teck liegt jenseits des Lautertales, und der Gedanke, daß wir in nur drei Stunden dort oben sein können, erscheint uns völlig unwahrscheinlich. Wir kommen zum Wald. Direkt am Wanderparkplatz steht die Bismarck-Linde und im lichten Wald hat die Gemeinde Dettingen einen gut ausgestatteten Kinderspielplatz angelegt. Vom Wanderparkplatz aus führt unser Weiterweg in rechtem Winkel nach links; er ist nun mit einem blauen Dreieck bezeichnet. Wir bleiben zunächst auf dem guten Forstweg. Nach einem Kilometer sehen wir links des Weges zwei Waldhütten und rechterhand eine eingezäunte Anpflanzung mit zukünftigen Christbäumen. Bald danach führt das blaue Dreieck in einem Bogen nach rechts. Wir aber gehen geradeaus wei-

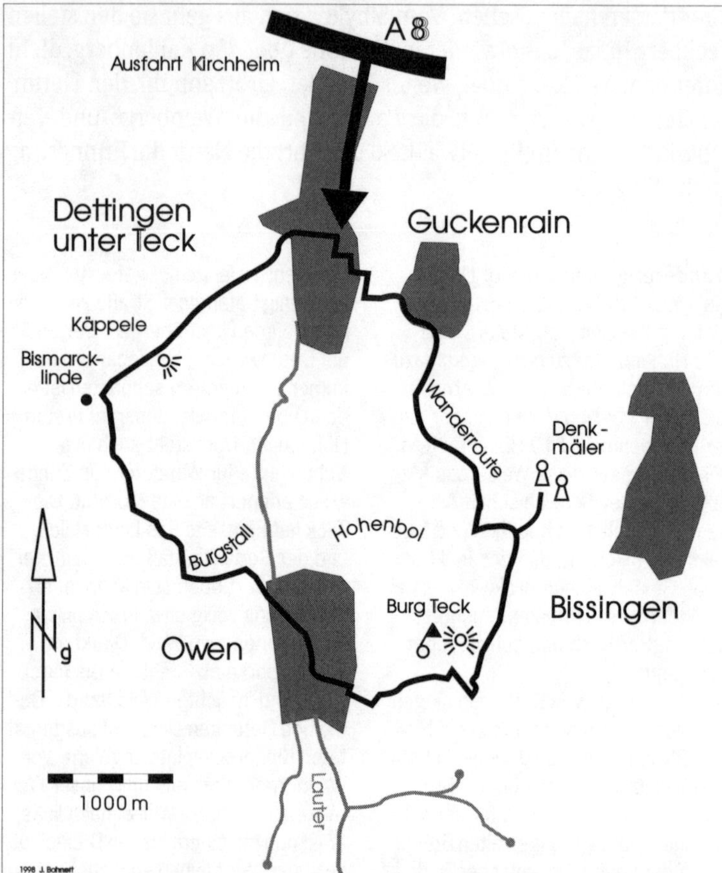
A 8
Ausfahrt Kirchheim
Dettingen unter Teck
Guckenrain
Käppele
Bismarck-linde
Wanderroute
Denk-mäler
Hohenbol
Burgstall
Burg Teck
Bissingen
Owen
N
g
1000 m
Lauter
1998 J. Bohnert

ter und kommen sehr bald zu einem Weg mit blauen Dreieck, den wir etwas links haltend queren. Vor uns sehen wir schon durch den Waldrand hinaus auf Obstwiesen. Der nun wieder geteerte Weg führt auf die Anhöhe des Burgstalles und nach ca. 300 Metern nach links hinab in Richtung der Sportplätze von Owen. Die Teck ist nun schon sehr nahe gerückt und ragt hoch über das Lautertal auf. Bei den ersten Gewerbebetrieben halten wir uns rechts und gehen bald halblimks in Richtung Ortsmitte. An einem Elektrizitätswerk überqueren wir die Lauter und gehen zur Durchfahrtsstraße. Den Blick auf eine steile Bogenbrücke vor dem hohen Chor der Stadtkirche sollten wir nicht versäumen. Auf der Hauptstraße gehen wir nach Süden, an der Abzweigung folgen wir der Straße nach Oberlenningen, nicht nach Neuffen. Sofort geht's die Weinbergsrtaße nach links steil hinauf. Die erste Querstraße gehen wir nur wenige Meter nach rechts, dann wieder nach links und weiter steil hinauf. Achtung: An einer Weggabelung gehen wir nach links und dann weiter steil aufwärts, keinesfalls nach rechts hinab. Wo der Teerweg nach links zu einem Schafstell abbiegt, gehen wir auf einem Grasweg mit dem Wegzeichen rote Gabel steil hinauf zur Vorkuppe des Bölle, dem Rest enes alten Vulkanschlotes, und zum großen Wanderparkplatz. Von dort führt mit dem Zeichen rote Gabel ein guter Fußweg steil hinauf zur Burg. Wir erreichen die Höhe bei einer kleinen Ebene und treffen dort auf die Fahrstaße zur Burg, die links von uns auf dem höchsten Gipfel des Teckberges sichtbar wird. Wo der Fahrweg direkt unter dem Wanderheim bergauf führt, beachten wir den verschlossenen Eingang zur Sibyllen-Gegenhöhle (früher gabs hier einen Durchgang zur Sibyllenhöhle). Unter den Wappen der Besitzer der Burg treten wir durch das Tor in den Burghof. Von mehreren Stellen der alten Burgmauer können wir die weite Aussicht hinaus ins Land und den Albtrauf entlang genießen. Umfassend ist dann die Aussicht vom Turm.

Wer diesen Blick über das Land bei Nacht erleben will, kann im Wanderheim des Schwäbischen Albvereins übernachten (bitte vorher anmelden, Telefon 07021/55208).

Vor dem Burgtor führen Stufen steil nach links abwärts. Direkt unter dem Turm stehen wir vor dem Eingang der Sibyllenhöhle, die wir mit etwas Kletterei erreichen können. Unser Pfad führt oberhalb von Felsabbrüchen und direkt unter den Burgfelsen weiter. Wir kommen zum künstlich vertieften Burggraben und durch diesen wieder auf die bekannte Zufahrtsstraße zur Burg.

Zum Abstieg wählen wir die Zufahrtsstraße, der wir bis zum großen Parkplatz unterhalb des Waldrandes folgen. Dort ist auch ein großer Spiel- und Grillplatz. Vom untersten Parkplatz machen wir einen kleinen Abste-

Auf der Teck befindet sich unterhalb des Turms
der Eingang zur Sibyllenhöhle.

cher zu den beiden Denkmälern (das obere ein Gedenkstein zum 25jährigen Regierungsjubiläum König Wilhelms I., wenige Meter unterhalb ein Denkmal für den Segelflugpionier Wolf Hirth) auf dem Hörnle mit sehr schönem Ausblick weit hinaus ins Land. Wir gehen zurück zum Parkplatz und folgen dann dem Fußweg oberhalb der Fahrstraße abwärts. Wo dieser Fußweg auf die Straße trifft, führt auf der anderen Straßenseite der mit dem blauen Dreieck bezeichnete Pfad, später ein Feldweg, durch Wald und Obstwiesen hinunter zur Siedlung Guckenrain. Zwischen den Sportplätzen hindurch kommen wir zur B 465 und gehen ca. 200 Meter an dieser entlang nach Norden (in Richtung Autobahn). Über eine Fußgängerampel und einen Bahnübergang erreichen wir wieder den Bahnhof.

Die drei Brüder auf dem Wielandstein

Und jetzt auf ihn mit Gebrüll!« rief der älteste der drei Brüder vom Wielandstein, den alle nur Raufbold nannten. Die beiden jüngeren Brüder, Trunkenbold und Unhold genannt, stürmten aus dem Gebüsch, in dem sie sich versteckt hatten. Gräßlich schreiend rannten sie auf den armen Metzger Lauinger zu, der mit seinem Pferdekarren eine Ladung Würste von Kirchheim nach Owen fuhr. Mit wildem Geheul umtanzten die Brüder den Wagen. Das Pferd blieb vor Schreck wie angewurzelt stehen und wieherte ängstlich. Dann stieg es mit den Vorderbeinen in die Höhe. Metzger Lauinger drohte, die Kontrolle über seinen Wagen zu verlieren. Er sprang ab und versuchte, sein Pferd am Zügel zu packen. Die drei Brüder nützten dies aus, stellten sich zusammen an eine Wagenseite und schrieen laut: »Hau ruck, hau ruck, hau ruck!« Beim dritten »Hau ruck« stemmten sie sich gegen den Wagen, so daß er umfiel. Die Würste flogen in hohem Bogen herunter und landeten im Dreck.

»Ihr gemeinen Kerle!« rief Lauinger außer sich. Die Würste waren für eine Hochzeitsfeier in Owen bestellt und schon im Voraus bezahlt. »Halt die Klappe, du blöder Metzger, du!« schrie ihn Raufbold böse an und packte ihn. Unhold übernahm die Zügel des Pferdes und hielt es fest. Raufbold zog den Lauinger mit sich und gab ihm einen Kinnhaken, der ihn beinahe ohnmächtig zu Boden gehen ließ. »Wenn du noch einmal ›gemeine Kerle‹ zu uns sagst, dann schlagen wir dich tot!« Wütend trat Raufbold nach dem Lauinger, der stöhnend auf dem Boden lag. »Hahaha!« lachte Trunkenbold, als er sah, wie der arme Metzger sich vor Schmerzen krümmte.

Schnell holte er eine Kette Würste herbei, die er dem Metzger um den Hals legte. »Du entschuldigst dich jetzt ganzs brav bei uns, sonst erwürge ich dich mit deinen eigenen Würsten!« rief Unhold und lachte dabei wild. Doch aus Lauingers Mund kam nur ein Stöhnen. »Bis jetzt höre ich keine Entschuldigung!« brüllte Raufbold und faßte den Lauinger am Kragen. Mit großer Mühe und unter starken Schmerzen preßte der Metzger ein Wort hervor, das man als Entschuldigung verstehen konnte. Dann sank er bewußtlos in sich zusammen. Die Brüder ließen den hilflosen Mann einfach am Straßenrand liegen. Sie sammelten so viele Würste ein, wie sie in ihre Säcke stopfen konnten, und verließen fröhlich pfeifend die Landstraße.

Auf dem Weg zum Wielandstein, wo sie gemeinsam hausten, begannen sie sich aber schon zu streiten. »Es sind meine Würste!« prahlte Raufbold. »Ich hatte nämlich die Idee, den Lauinger zu überfallen.« »Das ist nicht wahr«, schrie ihn Trunkenbold an, »es war meine Idee!« »Wenn ihr nicht sofort ruhig seid, dann bringe ich euch mit meinen Fäusten zum Schweigen!« brüllte Unhold. »Falls es euch entgangen ist: Idee und Planung des Überfalls stammen von mir!«

»Das ist nicht wahr!« schrieen die beiden anderen Brüder im Chor, warfen ihre Säcke weg und stürzten sich auf Unhold. Tretend und um sich schlagend wälzten sie sich am Boden, über die Säcke hinweg. Sie zerquetschten die Würste – es waren Blut- und Leberwürste – und am Schluß der Schlägerei waren sie über und über bedeckt mit Wurstbrei. Wie sie sich so betrachteten, ging die Streiterei schon wieder los, denn einer beschuldigte den anderen, Schuld an der Schlägerei gewesen zu sein. Schließlich kamen sie zankend und streitend auf dem Wielandstein an. Auf der Landstraße hatte man inzwischen den fürchterlich zugerichteten Lauinger entdeckt und ins Dorf gebracht, wo seine Wunden versorgt wurden. Als die Leute sahen, was die drei Brüder schon wieder angestellt hatten, ballten sie die Fäuste und stießen Verwünschungen gegen sie aus.

Seit Jahren ging das schon so. Zwischen den drei Brüdern gab es immer nur Streit. Die drei Söhne der weisen Sibylle von der Teck waren von klein auf rauflustig, rachsüchtig und grausam. Seit sie erwachsen waren, nahm das üble Benehmen nur noch mehr überhand. Jeder der drei Brüder lebte von der Räuberei, und am glücklichsten waren sie, wenn sie sich gegenseitig bestehlen, verprügeln und übervorteilen konnten. Die drei haßten sich so sehr, daß sie nicht aus einer gemeinsamen Quelle das Wasser trinken wollten. Schon mehrere Male hatte Raufbold versucht, die Mägde seiner Brüder beim Wasserholen zu töten. Seitdem ging Unholds Magd nur noch mit einem gefährlich aussehenden, riesigen Wolf zur Quelle, und die Magd des mittleren Bruders wurde von einem schwer bewaffneten Ritter begleitet.

Die Dörfer der Umgebung litten sehr darunter. Das Schlimmste war, daß die drei gemeinsam auf dem Wielandstein hausten und sich ständig über den Weg liefen. Deshalb gab es so gut wie jeden Tag eine Auseinandersetzung. Unhold, der jüngste der drei Brüder, hatte zwar angefangen, sich westlich vom Wielandstein eine eigene Burg zu bauen. Sie wurde nach dem Bauherren, der ein schlimmer Räuber war, Rauber genannt. Der Zweitälteste, Trunkenbold, war dabei, sich eine Burg zwischen Rauber und Wielandstein zu bauen, den Diepoldstein. Doch das zog sich jetzt schon mehrere Jahre hin. Zum einen war es nicht einfach, Leute zu finden, die für sie arbeiten wollten, denn die Brüder galten als unehrlich und waren es auch. Zum anderen waren sie ständig auf Raubzügen unterwegs, und dann kam der Bau jedesmal wieder ins Stocken.

Im Dorf saßen die Leute derweil um den Lauinger herum und berieten, was sie tun könnten, um sich gegen die drei bösen Brüder zu schützen. »Hoffentlich sind die beiden Burgen bald fertig, dann streiten sie sich vielleicht weniger!« hoffte Herr Hemmerle. »Oder mehr«, gab Bauer Reutenbacher zu bedenken. »Sie werden sicher versuchen, sich die Burgen gegenseitig zu zerstören. Ehrlich gesagt, bin ich mir nicht sicher, ob es ein Vorteil oder ein Nachteil sein wird, wenn jeder seine eigene Burg hat.« Herr Reutenbacher kratzte sich am Kopf. »Wir werden erst wieder Ruhe haben, wenn sie alle unter der Erde sind und sich in der Hölle weiterstreiten. Der Teufel wird an den dreien seine Freude haben!« »Raufbold hat angeblich schon eine Kegelbahn vor seiner Burg gebaut«, erzählte Herr Hemmerle weiter. »Ja, und Unhold hat sich bereits einen Garten mit lauter Birnbäumen anlegen lassen«, fügte Frau Lauinger hinzu. Traurig blickten die Leute sich an. »Ich kann bis heute nicht verstehen, wie von einer so herzensguten Mutter, wie die Sibylle eine war, drei so schreckliche Söhne abstammen können«, murmelte Metzger Lauinger, der einen Arm in der Schlinge und den Kopf verbunden hatte.

Irgendwann einmal wurden die zwei Burgen tatsächlich fertiggestellt. Doch da sie nicht weit auseinanderlagen, ging die Streiterei und Rauferei weiter. Es wurde sogar noch schlimmer, wie es die Leute aus den umliegenden Dörfern befürchtet hatten. Die drei bekriegten sich, nachdem jeder seine eigene Burg hatte, nur noch fürchterlicher. Mit Pecheimern, Gift, Feuerpfeilen und Wurfgeschossen versuchten sie, einander zu töten. Schließlich gelang es Trunkenbold, dem Leben seines Bruders Raufbold ein Ende zu machen. Doch er konnte seine Freude über den Mord nicht lange auskosten. Denn nur kurze Zeit darauf wurde er von Unhold auf grausame Weise ebenfalls umgebracht. Allein übriggeblieben, richtete dieser seine ganze Energie nun darauf, die Bauern der umliegenden Ortschaften zu malträtieren, zu berauben, ihre Ernte zu zerstören, ihre Häuser niederzubrennen und vielerlei mehr. Doch eines Tages hatten die Menschen genug. Es ging ihnen von Jahr zu Jahr schlechter, nur weil sie Unholds bösen Spielen ausgeliefert waren. Sie hatten kaum noch etwas zu essen, das Saatgut für das nächste Jahr hatte er ihnen gestohlen und das Feuerholz für den Winter hatte er auch verbrannt. Heimlich trafen sich die Bauern und beratschlagten so lange, bis sie endlich einen Plan entwickelt hatten, wie sie Unhold loswerden konnten. Sie wollten ihn mit seinen eigenen Waffen schlagen.

Sie wußten, daß er mit Vorliebe Schweinebraten aß, und wo immer eines gebraten wurde, kam, um es zu stehlen. Deshalb veranstalteten sie in Oberlenningen eine Scheinhochzeit. Auf dem Marktplatz feierten sie ausgelassen und brieten ein Schwein. Der köstliche Duft stieg auf zum Wielandstein und kitzelte Unhold in der Nase. Das Wasser lief ihm im Mund zusammen, und er kam eiligen Schritts von seiner Burg hinunter ins Tal. In der einen Hand hielt er seinen riesigen Säbel, in der anderen ein Schlachtermesser. In diesem Aufzug trat er vor die angeblichen Hochzeitsgäste, die schreiend auseinanderliefen, da sie um ihr Leben fürchteten. »Das ist unser Schwein!« schrie der Bräutigam, der mutig auf dem Platz stehengeblieben war. Unhold fuchtelte mit dem Säbel und brüllte laut: »Aus dem Weg du mickriger Hanswurst, das Schwein gehört mir!« Langsam und zögerlich trat der Bräutigam aus dem Weg. Und als Unhold noch einmal schauerliche Beschimpfungen ausstieß und dabei wild mit dem Schlachtermesser in die Luft stieß, rannte der junge Mann schließlich auch davon. Unhold stürzte sich sofort auf das knusprige Schwein, schnitt sich ein großes Stück Fleisch ab und biß hinein. Gierig verschlang er das ganze Stück und spülte mit Wein, der in Krügen auf den Tischen stand, nach. Plötzlich stieß er einen gellenden Schrei aus und fiel, von schrecklichen Krämpfen geschüttelt, zu Boden. In wenigen Minuten war sein Todeskampf vorbei, und die Einwohner von Owen, die das Schwein vergiftet hatten, waren von dem Bösewicht befreit. Jetzt, da mit Unhold der letzte der Brüder vom Wielandstein gestorben war, kehrte in der Gegend endlich wieder Ruhe und Wohlstand ein.

Zu Wielandstein und Rauber

Ausgangspunkt: Oberlenningen
Weglänge: 12 km
Gehzeit: 4 Stunden
Anreise: Mit der Bahn über Plochingen – Wendlingen – Kirchheim/Teck bis Oberlenningen. Von Montag bis Freitg muß man in Kirchheim in den Bus umsteigen. Mit dem Auto auf der A 8 bis Ausfahrt Kirchheim, dann in Richtung Blaubeuren bis zum Bahnhof in Oberlenningen.
Wanderkarten: Topographische Karte 1:50000 L 7522 Bad Urach oder die Umgebungskarte Blatt 18 Reutlingen – Bad Urach oder Blatt 15 Göppingen – Geislingen.

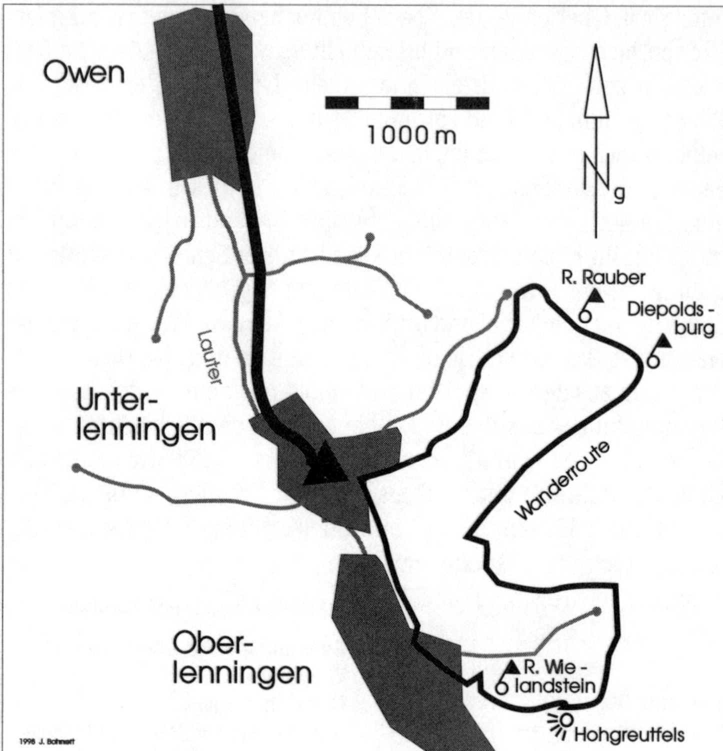
Owen
1000 m
Ng
R. Rauber
Diepolds-
burg
Lauter
Unter-
lenningen
Wanderroute
Ober-
lenningen
R. Wie-
landstein
Hohgreutfels
1998 J. Bohnert

Wanderung: Ausgangspunkt ist der Bahnhof Oberlenningen. Von dort aus führt ein Weg mit der roten Raute nach Südosten. Die Ausschilderung »Wielandstein« ist überall gut sichtbar angebracht. Sie führt hinauf zum Waldrand an den ins Lenninger Tal vorspringenden Bergrücken, der den Wielandstein trägt. Das Zeichen rote Raute führt uns einen steilen Fußweg hinauf zum Fuß der hinteren Burg. Ein aufmerksamer Beobachter entdeckt rechts unterhalb unseres Weges den noch steileren, alten Burgweg (der auch heute noch begangen werden kann). Auf der Höhe angekommen, sollten wir uns viel Zeit lassen. Der Wielandstein besteht nämlich aus drei alten Burgstellen. Am hinteren Wielandstein umfassen noch stattliche Mauern den Burgfelsen; sie sind aber stark vom Zerfall bedroht. Deshalb Vorsicht, wenn der Burghügel von Norden her erklommen werden soll. Die Aussicht ist fast ganz zugewachsen. Vom ehemaligen Burggraben aus versuchen wir mit etwas Kletterei auf dem Kamm des Bergrückens zu bleiben. Ein felsiger Hügel zeigt die Stelle an, wo vor Zeiten die mittlere Burg stand. Mauerreste sind nicht mehr zu sehen. Ganz im Osten des Bergrückens, in hohe Felsen hinein gebaut, kommen wir dann in den Burghof des vorderen Wielandsteines. Hier sind noch ansehnliche Mauern erhalten. Vor allem aber können die Burgfelsen mit etwas Gelenkigkeit erklettert werden, dies ist besonders für Kinder ein großes Vergnügen. Den Weg zur Albhochfläche kann man nicht verfehlen. Dort finden wir am Wegrand eine Feuerstelle samt Unterstandshütte. Ein kleiner Abstecher zum Hohgreutfels ist sehr lohnend. Dieser Fels erhebt sich hoch über die Baumwipfel und gewährt einen weiten Blick das Tal hinauf und hinab.

Der Weg führt auf einem Feldweg nach links weiter. Im Winterhalbjahr können wir am Steilabfall entlang weglos über die gefrorenen oder abgemähten Wiesen gehen. Wir sehen hinab in das von Felsen gesäumte Tobeltal und entdekken immer wieder die dunkelgrünen Eibenbäume. Diesen Nadelbaum gab es vor Jahrhunderten bei uns häufig. Da die Armbrüste nur aus Eibenholz gebaut werden konnten, wurde er fast ausgerottet. Unser Feldweg führt vorbei am Kopf des Tobeltales. Dort zweigt ein Wanderweg ab, der mit dem Zeichen rote Raute hinab ins Tobeltal und nach Oberlenningen führt. Wir aber wollen die Alb noch etwas erleben und erwandern die Berghalbinsel, die direkt oberhalb von Oberlenningen hoch über dem Tal liegt. Wenige Meter nachdem wir den Abstieg ins Tobeltal passiert haben, führt nach links ein Fußpfad immer dem Albtrauf entlang. Zwischendurch locken Aussichtsfelsen mit Tiefblicken ins Tal. Der letzte Fels ist der schönste: Der Mittagsfels baut sich weit ins Tal vor – mit prächtigem Blick, auch talaus-

Blick auf den Wielandstein bei Oberlenningen
mit den Mauerresten dreier Burgstellen.

wärts bis hinaus nach Kirchheim. Ganz rechts die Ruine Rauber und der Sattelbogen, welcher die Teck mit der Albhochfläche verbindet. Vom Teckberg ist der Gelbe Fels und darüber die Kuppe mit dem Wanderheim zu sehen. Unser Fußpfad mündet auf den bekannten guten Feldweg, der zum Engelhof mit seiner Ausflugsgaststätte führt. Von dort bis zum Hofgut Diepoldsburg müssen wir auf der Autostraße gehen. Am Hofgut treffen wir auf den Schwäbische-Alb-Nordrand-Weg mit dem Zeichen rotes Dreieck. Dieser führt nach links hinab zur Ruine Rauber.

Wer etwas mehr erleben will, geht nach dem winzigen Friedhof auf Pfadspuren direkt auf dem kleinen Bergkamm abwärts. Gelegentlich muß wegen der glatten Felsen sehr vorsichtig gegangen werden. Von der oberen Diepoldsburg stehen nur noch wenige Reste der Schildmauer. Schließlich kommen wir zur unteren Diepoldsburg, die auch Rauber genannt wird. Woher dieser Name kommt, wissen wir aus der Sage. Der Wanderweg führt dann hinab zum Sattelbogen. Wir erreichen diesen Weg auch mit einer kleinen Kletterei über die Felsen westlich des Burgfensters. Durch einen kleinen, engen Kamin kommen wir wieder in den Berghang. Doch diese Kletterei erfordert größte Vorsicht! Am Sattelbogen treffen 7 Wege zusammen. Wir wählen denjenigen, der nach links steil am Waldrand entlang in südöstlicher Richtung abwärts führt. Dieser Weg zieht sich lange durch Streuobstwiesen oberhalb von Unterlenningen hin und gewährt immer wieder Ausblicke ins Lenninger Tal, auf seine Randberge und auf die Ruine Sulzburg direkt über den Dächern von Unterlenningen. Unser Feldweg führt nach Unterlenningen. Von dort sind wir – immer dem Bahngleis entlang – schon nach 1 Kilometer am Bahnhof Oberlenningen.

Die verborgenen Schätze auf der Achalm

Feurige Pfeile flogen durch die Luft, es zischte von heißem Teer und Pech. Die Kräfte der Belagerer der alten Burg schienen nicht nachzulassen. Sie stießen wilde Kriegsschreie aus und donnerten mit riesigen Keulen gegen das Burgtor. Obwohl die Burg hoch oben auf dem Berg lag, von starken Mauern umgeben war und die Bewohner sich nach Kräften gewehrt hatten, schien das die Feinde nicht im geringsten zu beeindrucken. Seit Tagen schon flogen feurige Pfeile durch die Luft, von denen manche aus purem Eisen waren und in den Ritzen des Gemäuers steckenblieben. Die Feinde würden, sobald sie die Festungsmauern mit genügend Eisenpfeilen gespickt hätten, diese zum Erklettern der Wehrmauern benutzen.

Im Inneren der Burg drängten sich die Menschen eng aneinander. Ihre letzten Pfeile hatten sie schon längst verschossen, sie hatten weder heißes Wasser, das sie auf die anstürmenden Feinde hätten schütten können, noch flüssiges Pech. Die Stunden ihrer Freiheit waren gezählt, das war ihnen allen klar. »Ich werde mich ergeben!« rief der Graf seinen treuen Gefolgsleuten und seiner Familie zu. »Vielleicht lassen sie uns am Leben, wenn wir ihnen die Burg freiwillig überlassen!«

»Und wenn sie uns alle töten?« wimmerte ein kleines Mädchen, das sich ängstlich an seine Mutter kauerte.

»Wenn wir uns nicht ergeben, sterben wir sowieso. Entweder sie hungern uns aus oder sie erwischen uns mit einem ihrer Pfeile!« rief eine ältere Frau.

Müde nickten die Krieger, Trauer schien ihnen ins Gesicht geschrieben zu sein. Es tat ihnen weh, daß sie die Burg nicht erfolgreich verteidigen konnten. Ihr Herz wurde schwer, wenn sie daran dachten, ihre Heimat verlassen zu müssen. Denn es lag eine Zauberkette rings um den Hügel, die vor langer Zeit von einem mächtigen Zauberer gelegt worden war. Der Zauber bewirkte, daß, soweit die Kette reichte, das Land geschützt war vor Hagel, Sturm und Blitz. So war in allen Jahren die Ernte fruchtbar gewesen, niemals war durch Unwetter etwas vernichtet worden, und das milde Klima hatte allen gutgetan. Doch leider konnte der Zauber keine Feinde abhalten.

»Ist unser Schatz gut versteckt?« fragte der Graf einen seiner getreuen Diener.

»Ja, Herr Graf. Wir haben ihn unter dem Burgturm in der Erde vergraben. Ich glaube kaum, daß sie ihn entdecken können, wir haben uns alle Mühe gegeben, die Spuren zu beseitigen.«

Der Graf nickte. »Und der alte Zauberschatz?« fragte er nun. Überrascht sah der Diener seinen Herrn an. Was wollte der Graf damit? Tief im Innern des Berges lag nämlich der Schatz des Zauberers, der auch die goldene Kette um den Berg gelegt hatte. Vom untersten Gewölbekeller der Burg ging ein Gang ab, steil nach unten, ins Innerste des Berges hinein. Dieser führte geradewegs zu dem Schatz. Es hieß, daß der Zauberer ihn vor über tausend Jahren dort versteckt habe. Dieser Schatz wurde von zwei schwarzen Pudeln bewacht. Die Alten erzählten, daß diese beiden Pudel schon zu Zeiten ihrer Urgroßeltern im Innern des Berges Wache gehalten hätten. Sie seien magische Erscheinungen, die zwar wie Pudel aussahen, aber in Wirklichkeit Gehilfen des mächtigen Zauberers waren. Keiner konnte an ihnen vorbeikommen. Wen sie ansahen oder anknurrten, den verwandelten sie sofort in Stein.

»Um den Zauberschatz hat sich keiner gekümmert, den bewachen doch die beiden Pudel«, gab der Diener zurück. »Den sollen sie aber auf keinen Fall in die Hände bekommen«, antwortete der Graf. »Aber, aber . . .«, der Diener stotterte, »ich, ich dachte, man wird zu Stein verwandelt, wenn man die beiden Pudel nur ansieht!« »Hast du die Pudel schon einmal gesehen?« fragte der Graf. Der Diener schüttelte den Kopf. »Oder hast du unten in den Gängen schon einmal versteinerte Menschen gesehen?« Wieder schüttelte der Diener den Kopf. »Ich auch nicht«, antwortete der Graf bedächtig. »Ich bin zwar schon öfter hinuntergestiegen und auch den Gang entlanggegangen, doch habe ich weder Pudel noch Schatz gesehen.«

»So?!« erstaunt sah der Diener seinen Herrn an.

»Ich glaube, es gibt noch einen Nebengang, der vom Hauptgang abzweigt. Dort vermute ich den Zauberschatz schon seit langem. Aber es bleibt mir leider keine Zeit mehr, ihn zu finden.« Traurig sah der Graf zu Boden. »Versucht deshalb, den Gang zuzumauern. Wer weiß, ob wir unsere Burg nicht wieder zurückerobern können!«

Der Diener nickte und machte sich auf den Weg. Zusammen mit einigen Vertrauten des Grafen mauerte er den Geheimgang zu. Jetzt konnte keiner mehr erkennen, daß sich hinter der Mauer noch etwas verbarg.

Als er wieder zurückkam und dem Grafen meldete, es sei alles nach seinen Wünschen geregelt worden, dankte ihm dieser und ging nach draußen auf den Burghof. »Bringt mir ein weißes Tuch!« rief der Graf laut. »Damit werde ich mich auf den Zinnen der Burg zeigen, zum Zeichen dafür, daß wir aufgeben!«

Die Burgköchin eilte herbei mit einem großen weißen Laken und überreichte es dem Grafen. »Gott steh' uns bei!« rief er laut und fiel auf die Knie, schickte ein Gebet zum Himmel und kletterte dann auf die Zinnen. Ein Pfeilhagel begrüßte ihn, als er sich für alle sichtbar dorthin stellte und das weiße Tuch wie eine Fahne schwenkte. Wie durch ein Wunder wurde er nicht verletzt, nicht einmal getroffen oder gestreift wurde er. Dies schien die Belagerer zu beeindrucken, denn sie ließen die Waffen sinken. Ihr Anführer brüllte zum Grafen hinauf. »Was ist? Ergebt ihr euch?«

»Wir ergeben uns!« schrie der Graf von der Zinne nach unten. »Schenkt uns das Leben, dann überlassen wir euch kampflos die Burg!«

»Kommt Mann für Mann, Frau für Frau und Kind für Kind aus dem Burgtor heraus, einer nach dem anderen, aber mit erhobenen Händen, dann soll euch nichts geschehen. Keiner darf etwas mitnehmen, die Schätze der Burg gehören uns!« brüllte der Anführer mit schauerlicher Stimme.

»Wir kommen einzeln heraus!« bestätigte der Graf und kletterte wieder ins Innere der Burg, schob eigenhändig den schweren Riegel vom eisernen Eingangstor weg und ging als erster hinaus. In der Hand schwenkte er das weiße Tuch. Hinter ihm kamen die Männer mit hocherhobenen Händen. Dann die Frauen und die Kinder. Den Schluß des Zuges bildeten die Alten und Kranken, die man auf Bahren hinaustragen mußte. Als der Graf beim Anführer der Belagerer vorbeikam, schaute er sich kurz um und blickte ein letztes Mal zur Burg: »Ach, all mein Gut muß ich verlassen!« stöhnte er.

Dies hörte der Anführer und nannte die Burg nach den ersten Worten »Achalm«. Diesen Namen hat die Burg bis heute behalten. Die Schätze des Grafen, die er unter dem Burgturm hatte vergraben lassen, sind noch nicht geborgen. Und auch der Zauberschatz, der durch die zwei Pudel magisch beschützt wird, liegt bis heute noch dort. Keiner konnte sie bisher heben.

Von Eningen auf die Achalm

Ausgangspunkt: Eningen unter Achalm
Weglänge: 14 km
Gehzeit: 5 Stunden
Anreise: Mit der Bahn über Plochingen in Richtung Tübingen bis Metzingen oder Reutlingen, dann mit dem Bus nach Eningen unter Achalm. Mit dem Auto auf der B 27 und B 312 bis Metzingen, dort in Richtung Reutlingen und kurz vor dem Ortsende links abbiegen nach Eningen. In der Ortsmitte parken.
Wanderkarten: Topographische Karte 1:50000 L 7520 Reutlingen oder die Umgebungskarte Blatt 18 Reutlingen – Bad Urach.

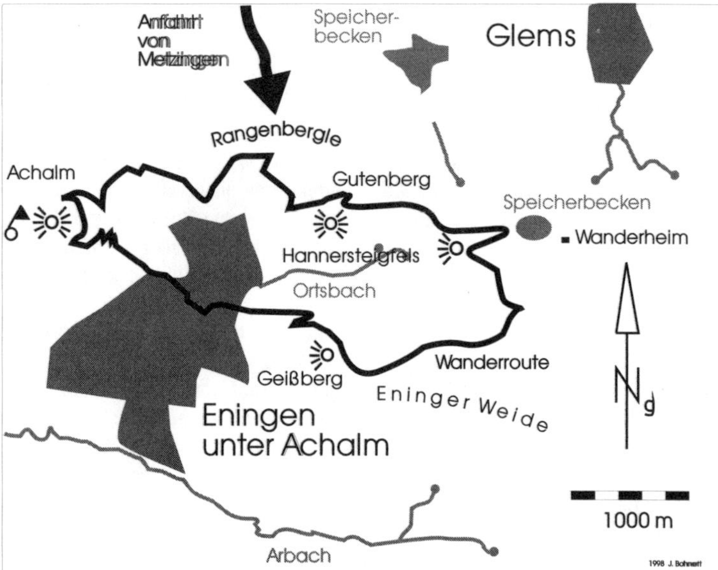
Anfahrt
von
Metzingen
Speicher-
becken
Glems
Rangenbergle
Achalm
Gutenberg
Speicherbecken
Wanderheim
Hannersteigfels
Ortsbach
Wanderroute
Geißberg
Eninger Weide
Eningen
unter Achalm
Ng
1000 m
Arbach
1998 J. Bohnert

Wanderung: In Eningen gehen wir von der Kirche aus auf der Hauptstraße etwa 100 Meter in Richtung Metzingen bergauf. Dann biegen wir in die Dürer- und sofort in die Geißbergstraße ein. Letztere führt steil hinauf an den Fuß des Geißberges. Am Ende dieser Straße biegen wir links ab. Nach dem Ortsendeschild zweigt nach rechts ein Fußweg mit dem Zeichen blaues Dreieck Richtung »Geißberg – Eninger Weide – St. Johann« ab. Am Waldrand lohnt sich ein Blick zurück, die Achalm thront majestätisch über Eningen. Der wieder errichtete Bergfried als letzter Zeuge der Burg überragt die Baumwipfel auf dem Gipfel des Berges.
Unser Weg erklimmt in einigen Kehren die Ebene des Geißberges, um dann – wieder in steilem Anstieg – zur Eninger Weide hinaufzuführen. Diese Hochweide springt mit einer Bergspitze gegen den Geißberg vor und endet an einem Felsen. Die Aussicht ist überwältigend: Über Eningen ragt die Achalm auf, über Pfullingen der Georgenberg und zwischen beiden breitet sich das Häusermeer Reutlingens aus. Über der Stadt erkennen wir in der Ferne Tübingen mit dem Schloß und etwas links davon die Wurmlinger Kapelle. Rechts von Reutlingen ist die hohe Talbrücke der B 313 über den Neckar zu sehen. Ganz links lugt über dem flachen Rücken des Urselberges die »Gefrorene Unterhose« hervor. Der Volksmund hat für den zweibeinigen Aussichtsturm diese treffende Bezeichnung gefunden. Erbaut wurde er vom Schwäbischen Albverein, der dem berühmten Jugendstil-Architekten Theodor Fischer die Planung übertrug. Der Weiterweg führt nach links (immer mit blauem Dreieck) nur wenige Meter vom Albtrauf entfernt; rechterhand liegt die Eninger Weide, ein weites, leicht hügeliges, parkartiges Gelände, auf dem einzelne alte Weidebäume stehen. Beim Schafhaus trifft der Weg auf die L 380, die Verbindungsstraße von Eningen nach St. Johann. Wir überqueren die Straße vorsichtig. Nachher geht es an einer Schranke vorbei und an einem ehemaligen Steinbruch entlang auf dem von jeder Erdkrume entblößten Fels leicht aufwärts. Nach wenigen Metern treffen wir auf einen Feldweg. Diesem folgen wir nach links – nun an schönen alten Weidebäumen vorbei. Grillstellen und Spielgeräte laden zu einer Rast ein. Bald sehen wir ein hohes Gatter, welches ein ausgedehntes Freigehege für Hirsche und Wildschweine umschließt. An diesem Gatter gehen wir nach links. Bald macht unser Weg entlang des Gatters eine Rechtsbiegung. Hier zweigen wir nach links auf den Panoramaweg ab. In Kürze sind wir dann auf dem Hännersteigfels (Name von »St. Johanner Steige«), der wieder den Blick auf ein malerisches Landschaftsbild freigibt. Weiter geht's auf schmalem Pfad immer dem Trauf entlang. Unter einer Hochspannungslei-

Der Bergkegel der Achalm mit den Ruinen der ehemaligen Burg.

tung – nach ca. 200 Metern – haben wir schon wieder freie Sicht, doch diesmal in eine andere Landschaft. Tief unter uns liegt das untere Glems-Speicherbecken, darüber der Metzinger Weinberg, der Floriansberg und dahinter der Hohenneuffen. Auch die Orte im Ermstal – Dettingen, Neuhausen, Metzingen, Riederich, Bempflingen und Neckartenzlingen – sind zu sehen. Am Gatter gehen wir wieder nach links zu einer Schranke. Nach dieser kommen wir zum geteerten Sträßchen, das um das obere Speicherbecken herumführt. Von diesem Becken sehen wir nur den hohen Damm, denn das Gelände ist eingezäunt. Das Wasser stürzt während des Tages über Fallrohre in die Tiefe und treibt dabei Turbinen, die in Generatoren elektrischen Strom erzeugen. Mit billigem Nachtstrom wird das Wasser dann wieder hinauf ins obere Becken gepumpt. Mit einem kleinen Abstecher (um das Becken herum) können wir das Wanderheim »Eninger Weide« des Schwäbischen Albvereins aufsuchen; es ist sonntags ganztägig und an Samstagen ab 14.00 Uhr geöffnet (Übernachtungsmöglichkeit).

Unsere Wanderung setzen wir an der oben erwähnten Schranke fort. Wir stehen dort an einer mehrfachen Weggabelung: Auf ebener Strecke geht es zum Grasberg, leicht abwärts nach Glems und für uns steil nach links das Hännersteigle hinunter zum Gutenberg. Dort auf der Verebnung des Gutenberges achten wir darauf, daß wir fast eben mit dem Zeichen blaue Gabel weitergehen (keinesfalls nach links mit dem blauen Dreieck weiter absteigen). An der äußersten Westspitze des Gutenberges haben wir die letzte große Nah- und Fernsicht. Von diesem Aussichtspunkt führt ein Zickzackweg steil hinab, quert einen guten Forstweg und kommt an einer Waldecke auf Streuobstwiesen. Wir gehen weiter abwärts, dem Waldrand rechts von uns entlang. Schließlich treffen wir auf einen geteerten Feldweg, der zu einem Aussiedlerhof führt. Hier unterqueren wir die vielbefahrene L 380a, gehen auf der anderen Straßenseite weiter bis zum Parkplatz. Dort können wir die genaue Wanderkarte studieren. Wir folgen dem Feldweg am Fuße des Rangenbergles und haben nun den ganzen Weg bis zur Achalm im Blickfeld. Die Aussicht ist weniger weit, dafür bilden die Eninger Berge eine sehr malerische Kulisse. Der erwähnte Schönbergturm ist wieder zu sehen und neben dem Abhang des Urselhochberges das Schloß Lichtenstein. Am Fernsehumsetzer stehen wir vor einem Weidegatter mit Wegbeschilderung »Eninger Panoramaweg«. Wir gehen geradeaus abwärts, durch dieses Türchen und durch die nächsten zwei (bitte immer wieder sorgfältig schließen). Jenseits der Zufahrtsstraße zum Aussiedlerhof geht's an einem kleinen Rinnsal entlang abwärts. Schon fast an den ersten Häusern von Eningen angelangt, gehen wir nun wieder nach rechts auf dem geteerten Feldweg aufwärts. Nach einer Bank folgen wir dem Wegweiser nach links und nach ca. 100 Metern dann nach rechts, nun auf ungeteertem Feldweg. Dieser macht bald eine Biegung nach links und kurz darauf stehen wir ohne deutlichen Weg zwischen Obstbäumen. Hier führen Pfadspuren zu einer Lücke in einer dichten Hecke. Dort finden wir wieder den Wegweiser »Eninger Panoramaweg«. Nach der Hecke halten wir uns links aufwärts. Wo unser Weg eben nach links weiter führt, gehen wir (nun ganz ohne Bezeichnung) nach rechts und sofort auf ausgetretenem Pfad etwas links aufwärts. Wir kommen in eine herrliche Weidelandschaft mit wildem Majoran und vielen Silberdisteln. Dieser Weg führt nun ziemlich eben um den Gipfelaufbau der Achalm nach links herum. Wir folgen ihm, bis von unten ein Weg mit dem Zeichen blaues Dreieck heraufkommt. Dieses Zeichen führt uns hinauf auf den Berggipfel. Von der einst großen Burg stehen noch Reste der Mauern und ein wieder errichteter Bergfried. Auch ist zu ahnen, daß die Anlage einst drei Mauern hatte. Vom Turm aus ist unsere ganze Wanderung zu übersehen. Der Abstieg führt zunächst auf gleichem Weg zurück, jedoch wenige Meter unterhalb der äußersten Mauer nach rechts schräg abwärts. Auf einem guten Feldweg geht's dann wieder nach links und schließlich auf schmalem Zickzackpfad steil hinab nach Eningen. Dort sehen wir auch schon wieder unseren weißen Kirchturm. Durch ein Gewinkel von Straßen und Gäßchen finden wir unschwer zum Ausgangspunkt zurück.

Der Drache auf dem Drackenstein

Unschlüssig sah der junge Mann sich um. »Woher bin ich gekommen? War es von der Seite oder von der?« In der Ferne ragte eine Hügelkette auf und vor ihm lag ein kleines, dunkles Wäldchen. Jeder Baum sah gleich aus, und aus welcher Richtung er gekommen war, wußte er längst nicht mehr. »Ich muß mich wohl verirrt haben«, entschied der junge Mann und ließ sich unter dem weitausladenden Blätterdach einer Buche nieder. Er war Schneider von Beruf, konnte aber eigentlich nur Stoffbälle machen. Zur Zeit war er auf der Suche nach einer Arbeit und wanderte von einem Ort zum anderen. Er war schon lange unterwegs, deshalb wollte er zuerst einmal eine kleine Rast machen, irgendwo würde er schon wieder auf eine Siedlung treffen. Er schnürte seinen Rucksack auf, holte sich einen Laib Brot und ein Stück Wurst heraus und langte kräftig zu.

Plötzlich fuhr er herum. Hinter ihm hatte es mehrmals laut und deutlich geknackt, als ob ein größeres Tier durchs Unterholz streifte. Er nahm das Brotmesser kampfbereit in die Hand und sprang auf. Doch als er sah, wer das Geräusch verursacht hatte, ließ er das Messer lächelnd wieder sinken. Vor ihm stand nämlich eine wunderschöne, fremdartig gekleidete junge Frau, die ihn ängstlich anstarrte.

»Habt Ihr ihn kommen sehen?« Das waren ihre ersten Worte, die sie flüsternd hervorstieß. Dabei sah sie unruhig in alle Richtungen.

Der junge Mann zuckte mit den Schultern und sah sie verständnislos an: »Wen soll ich gesehen haben? Und wer seid Ihr denn? Wie kommt Ihr hierher? Und überhaupt: Wo sind wir hier eigentlich?«

Als der junge Mann sie ganz offen ansah und offensichtlich keine Gefahr witterte, entspannte sie sich ein wenig. »Wo wir hier sind, kann ich auch nicht sagen«, antwortete sie. »Das einzige, was ich sicher weiß, ist, daß hier ein großer Drache lebt, der mich zur Frau haben will.«

»Ein Drache?« erschrocken umklammerte der junge Mann den Schaft des Messers wieder fester.

Sie nickte. »Er hat mich von zu Hause entführt, als ich mir gerade die Haare kämmte. Das Fenster stand offen, er flog herein, packte mich und flog mit mir auf und davon bis hierher zu seiner Höhle. Das ist jetzt schon fünf Jahre her!« Traurig sah sie ihn an, doch zugleich war sie froh, endlich einmal wieder mit einem richtigen Menschen sprechen zu können.

»Eine Entführung?« forschte der junge Mann nach.

»Die Entführung einer Prinzessin durch einen Drachen!« antwortete sie ernst.

»Eine Prinzessin seid Ihr auch noch?« Der junge Mann staunte. So etwas hätte er sich ja nicht mal im Traum vorgestellt.

Hastig erzählte sie ihm ihre Geschichte, immer auf der Hut, daß der Drache zurückkehren könnte. Sie sei die Tochter des Kaisers von Marokko und der Drache hielte sie gefangen, weil sie sich weigerte, seine Frau zu werden. »Am Anfang hat er versucht, mich durch Geschenke zu erweichen. Er schenkte mir drei prachtvolle Kleider: auf einem ist die Sonne abgebildet, auf dem anderen der Mond und auf dem dritten Sterne.«

Aufmerksam hörte der Ballmacher zu. »Wie gut, daß ich mich hierher verirrt habe!« dachte er. Die Prinzessin tat ihm leid. »Ich muß sie retten!« dieser Gedanke ging ihm gerade durch den Kopf, als die Prinzessin sagte: »Wenn Ihr mir helft zu fliehen, dann will ich Euch heiraten.«

»Beides würde ich mit dem größten Vergnügen tun!« antwortete der junge Ballmacher lachend. »Nur, wie sollen wir das anstellen? Wann kommt der Drache zurück? Wie oft geht er fort, und wie lange bleibt er weg?« forschte er nach.

»Er müßte eigentlich jeden Moment zurückkommen, deshalb bin ich auch so nervös«, antwortete die Prinzessin. »Normalerweise fliegt er in der Vollmondnacht weg und kommt an Neumond wieder.«

»Und heute ist Neumond, ich verstehe.«

»Kann ich mich in der Drachenhöhle verstecken, so daß er mich nicht findet?« fragte der Ballmacher nach kurzem Nachdenken.

Die Prinzessin schüttelte den Kopf. »Besser nicht. Wenn er Euch entdeckt, wird er Euch sofort töten. Aber es gibt hier in der Nähe eine kleinere Höhle, in der hat angeblich auch mal ein Drache gehaust, doch der ist vor vielen Jahren weggeflogen und nicht zurückgekehrt, so hat es der Drache erzählt. Dort könnt Ihr Euch verstecken!«

Plötzlich war ein seltsames Summen in der Luft zu hören, der Boden vibrierte und die Vögel hörten schlagartig auf zu zwitschern.

»Er kommt zurück!« rief die Prinzessin kreidebleich. »Versteckt Euch, aber schnell!«

In rasender Eile packte der Ballmacher seine Siebensachen zusammen, stopfte sie in den Rucksack und rannte in die Richtung, die die Prinzessin ihm zeigte. Der Summton wurde immer lauter, und die Blätter und Äste der Bäume bogen sich wie bei einem heftigen Sturm. »Ich schaff' es nicht!« Schweißperlen traten dem Ballmacher auf die Stirn. »Ich muß mich irgendwo verstecken, sonst bin ich verloren!« Das Herz hämmerte in seiner Brust, voller Panik sah er sich um. Da fiel sein Blick auf ein ziemlich dichtes Dornengestrüpp. Sofort entschied er sich, daß dies das geeignete Versteck sein könnte und kroch darunter. Er kratzte sich zwar Wangen, Hände und Arme auf, auch seine Hose zerriß, aber das bemerkte er gar nicht, denn ein heißer Hauch erfüllte die Luft. Der Drache war genau neben dem Gestrüpp gelandet.

»Hoffentlich bemerkt er mich nicht!« Der Ballmacher zitterte, obwohl es unglaublich heiß geworden war, denn aus dem Maul des Drachen züngelten kleine Flammen, die nach und nach kleiner wurden und schließlich erstarben. Der riesige Drache klappte seine Flügel zusammen und scharrte mit seinen krallenbewehrten Füßen auf dem

Boden. Er war nur knapp einen Meter vom Ballmacher entfernt, der sich so winzigklein wie nur möglich zusammenkauerte. Voller Furcht schloß er die Augen und sah sich schon unter den schuppigen Krallenfüßen des Drachen sterben. Die Erde bebte, als der Drache sich in Bewegung setzte. Mit großen Schritten strebte er seiner Höhle zu. Der Ballmacher öffnete die Augen und atmete erleichtert auf. Neugierig blickte er dem Drachen hinterher, dem er um Haaresbreite entronnen war. Es war ein gigantisches Wesen, seine Schuppen glänzten silbrig und die kreisrunden Augen leuchteten golden. Einerseits bewunderte er die majestätische und fremdartige Erscheinung des Drachen, doch andererseits schüttelte er sich vor Abscheu. »Heiraten wollte ich so einen Drachen auch nicht!« Ihm grauste schon allein bei der Vorstellung, dieses Wesen zu berühren. Obwohl es ein warmer Sommertag war, hatte er am ganzen Körper eine Gänsehaut.

Der Drache blieb in seiner Höhle, und so hatte der Ballmacher Zeit, um einen Fluchtplan zu schmieden. Er war gleich am nächsten Tag auf der Suche nach der nächsten Ortschaft weitergewandert, nicht ohne ganz genau den Weg zu markieren, damit er leicht wieder zurück in die Drachenhöhle finden würde. Im Ort versorgte er sich mit Proviant und ließ sich von den Einwohnern den schnellsten Weg nach Marokko beschreiben. Bevor er sich auf den Rückweg zur Drachenhöhle machte, kaufte er für die Prinzessin normale Kleider, damit sie nicht mehr so fremdartig aussah.

Darüber waren fast zwei Wochen vergangen, und es war ein Tag vor Vollmond. Der Ballmacher versteckte seine Einkäufe in der zweiten Höhle und wartete. Die Dämmerung senkte sich über das Land und es dunkelte. Die Vögel hatten ihr Abendkonzert beendet, das Zirpen der Grillen war auch zur Ruhe gekommen und es war kaum noch ein Laut zu hören. Ab und zu knackte es im Wald, wenn Tiere unterwegs waren.

Der Ballmacher lag am Höhlenausgang auf der Lauer. Ob der Drache wohl heute Nacht losfliegen würde? Oder erst am nächsten

Tag? Leider war der Himmel bedeckt, der Mond war nicht zu sehen. »Hoffentlich reißt die Wolkendecke auf, ich würde den Drachen gerne nochmal sehen!« dachte der Ballmacher und gähnte. Er wartete und wartete, doch es rührte sich nichts. An der Drachenhöhle blieb es ruhig. Schließlich beschloß der Ballmacher zu schlafen, da er vor Müdigkeit kaum noch die Augen offenhalten konnte. Er rollte sich am Höhleneingang in seine Decke und schloß die Augen.

Sogleich fiel er in einen unruhigen Schlaf und ein Traum hielt seine Sinne gefangen. Er träumte, auf dem Rücken eines riesigen Drachen zu sitzen, der über die Länder der Welt flog. Ab und zu spie das Ungeheuer Feuer und der Ballmacher mußte sich vor der Hitze in Acht nehmen. Plötzlich kam ein Sturm auf, der Drache schlingerte in der Luft, konnte sich gegen die Kraft des Sturmes nicht behaupten und stürzte zu Boden. Der Ballmacher klammerte sich an den dachziegelgroßen Schuppen des Ungeheuers fest, doch der Aufprall auf die Erde war schrecklich. Er kullerte vom Rücken des Drachen herab und drohte, von dessen massigem Leib erdrückt zu werden. Schweißnaß vor Angst fuhr der junge Mann aus dem Schlaf auf. Er wähnte sich zerschmettert am Boden, zumal die Erde von dumpfen Stößen erschüttert wurde. »Ein Erdbeben!« rief er erschrocken und sprang auf. Er sah die eigene Hand vor Augen nicht, doch plötzlich kam der Mond hinter einer Wolke hervor und tauchte den Wald und die Wiese in helles, milchiges Licht. Der Ballmacher hielt die Luft an: Dicht vor dem Höhleneingang lief der Drache. Er schien Anlauf zu nehmen für den Abflug. Wie riesengroß er war! Bewunderung mischte sich mit Angst, als das Mondlicht die Schuppen der Drachenhaut traf und diese hell aufstrahlten. Ein Surren und Vibrieren erfüllte die Luft, die Blätter und Äste bogen sich wie im Sturm, der Drache flog auf und davon.

Schnell packte der Ballmacher den Proviant, seinen Rucksack und die neuen Kleider und rannte zur Drachenhöhle. Da kam auch schon die Prinzessin herausgestolpert. Sie lief ihm entgegen und fiel glücklich in seine Arme. »Wie froh bin ich, daß Ihr noch da seid!«

»Hätte ich eine Prinzessin im Stich lassen sollen?« neckte er sie. »Ich habe Proviant für uns besorgt und für Euch Kleider, damit Ihr nicht gleich als Prinzessin auffallt!« Schnell zog die junge Frau sich um, packte ihre Kleider zusammen und holte die drei Kleider, die der Drache ihr geschenkt hatte, aus der Höhle. Damit die Prinzessin nicht soviel tragen mußte, steckte sie der Ballmacher in seinen Rucksack. Noch in derselben Nacht brachen sie auf.

Sie marschierten tage- und nächtelang, voller Angst, vom Drachen eingeholt zu werden, bis sie nach Italien an einen Hafen kamen. Da das Geld nur noch für die Überfahrt einer Person reichte, beschlossen sie, daß die Prinzessin in ihre Heimat segeln sollte. Der Ballmacher versprach, mit dem nächsten Schiff nachzukommen.

Doch die Tage und Wochen vergingen, und die Prinzessin wartete vergeblich auf ihn. Sie war sofort in den Palast ihres Vaters zurückgekehrt. Die Eltern waren überglücklich, ihre Tochter, die sie schon tot geglaubt hatten, wieder in die Arme schließen zu können.

Der Ballmacher war inzwischen zwar auch in Marokko und sogar in der Kaiserstadt, er traute sich aber nicht in den Palast. Denn er hatte all sein Geld vertrunken und verspielt. Zum Glück fand er Arbeit bei einem Schneider, der sich aufs Ballmachen spezialisiert hatte. Eines Tages lief ein Herold des Königs durch alle Gassen der Stadt und verkündete: »Wer dem Kaiser innerhalb von drei Monaten drei Kleider machen kann, der soll zehntausend Goldstücke bekommen. Aber jeden Monat muß eines fertig werden. Auf dem ersten muß eine Sonne sein, auf dem zweiten der Mond und auf dem dritten die Sterne!«

Als der Ballmacher das hörte, lächelte er. Die zehntausend Goldstücke würde er sich verdienen. Und dadurch die Prinzessin wiedersehen. Denn die drei Kleider, die der Drache der Prinzessin geschenkt hatte, besaß er noch. Zudem versprach der Kaiser für jedes Kleid einen Vorschuß von tausend Gulden.

Der Ballmacher erklärte also seinem Meister, er wolle die Kleider machen. Daraufhin meldete sich dieser hocherfreut beim Kaiser, bekam 1000 Gulden ausgehändigt und wurde ermahnt, nicht sorglos damit umzugehen. »Wenn der Kaiser erfährt, daß Ihr das Geld für etwas anderes ausgegeben habt, wird Euer Geschäft geschlossen und Ihr müßt die Stadt verlassen!« ermahnte ihn der Beamte. Der Schneidermeister machte sich schnell auf den Weg nach Hause und gab die tausend Gulden nebst den Ermahnungen an seinen Gesellen weiter. Er wies ihn an, sich gleich an die Arbeit zu machen.

Doch der Ballmacher hatte das Kleid ja schon fertig in der Tasche. Er trieb sich also tagsüber in den Wirtschaften herum, aß und trank von morgens bis abends und war bester Laune. Dem Schneidermeister wurde himmelangst zumute, als er das lustige Treiben seines Gesellen beobachtete. Nach ein paar Tagen stellte er ihn zur Rede: »Du willst mich wohl ruinieren!« schrie er und packte ihn am Kragen. Der Ballmacher ließ sich jedoch nicht die gute Laune verderben. »Lieber Meister«, erklärte er, »keine Angst, ich schaffe das schon. Ich kann ein solches Kleid nur nachts machen, und das auch nur, wenn ich gehörig betrunken bin, im nüchternen Zustand bekomme ich nur Bälle hin, das wißt Ihr doch!« Der Meister lockerte seinen Griff etwas: »Stimmt das auch?« Der Ballmacher versprach ihm hoch und heilig, daß zum Ende des Monats das Kleid fertig sei, anderenfalls wolle er alle Schuld und alles Ungemach auf sich nehmen. »Na, gut!« Der Schneidermeister ließ seinen Gesellen los. »Ich kann zwar nicht recht glauben, was du mir da erzählst, aber nun gut. Ich lasse mich überraschen!«

In der Tat war die Überraschung perfekt, als der Ballmacher am letzten Tag des Monats dem Schneidermeister das Kleid vorlegte. Es war wunderschön, so eines hatte der Meister noch niemals in seinem ganzen Leben gesehen. Mit großen, glänzenden Augen betrachtete er das Stück. »Und das hast wirklich du gemacht?« fragte er ungläubig. Der Ballmacher lächelte. »Willst du nicht schnell zum König, es abgeben? Soviel Zeit ist nicht mehr . . .«

»Oh, du hast recht! Ich muß mich beeilen!« und flugs war der Meister aus der Tür.

Zufrieden kam er zurück, in seiner Tasche hatte er einen Vorschuß von weiteren 1000 Gulden und sein Herz lief über vor Glück. Die Beamten des Königs hatten ihn so sehr mit Lob überschüttet, daß er ganz selig war. Der Ballmacher nahm Lob und Geld erfreut entgegen und verbrachte den zweiten Monat genauso wie den ersten. Am letzten Tag des Monats übergab er das Kleid, auf dem der Mond abgebildet war, seinem Meister. Freudestrahlend machte der sich auf den Weg zum Palast, übergab das Kleid den Hofbeamten und erntete wieder überschwengliches Lob.

Als das Kleid der Prinzessin gezeigt wurde, runzelte diese die Stirn. »Auch das Kleid mit dem Mond ist so wie das, welches der Drache mir geschenkt hat. Sagt dem Meister, das letzte Kleid soll mir sein Geselle höchstpersönlich bringen!« Die Beamten verbeugten sich und richteten dem Meister den Wunsch der Prinzessin aus. Frohgemut und wieder mit 1000 Gulden Vorschuß machte sich der Meister auf den Heimweg.

Das Sternenkleid überbrachte der Ballmacher nach vier Wochen der Prinzessin selbst. Und wie er ihr schließlich gegenübertrat und sie ihren Retter wiedersah, fiel sie ihm glücklich um den Hals. Auch der Ballmacher war froh, daß er die Prinzessin wiedergetroffen hatte, und bald wußte das ganze Königreich, wer die Prinzessin aus der Gewalt des Drachen befreit hatte. Es war derselbe, den sie wenige Wochen später heiratete. Und die beiden waren glücklich bis an ihr Lebensende.

Rund um Drackenstein

Ausgangspunkt: Unterdrackenstein
Weglänge: 4 km
Gehzeit: 1,5 Stunden
Anreise: Auf der A 8 bis zur Ausfahrt Mühlhausen, dann in Richtung Geislingen bis nach 3 Kilometern die Abzweigung nach Gosbach-Drackenstein kommt. Parken auf einer Straßenbucht unterhalb der Autobahnbrücke, gegenüber dem Drackenstein mit seinem Kirchlein.
Wanderkarten: Topographische Karte 1:50000 L 7522 Bad Urach und L 7524 Blaubeuren oder eine der Umgebungskarten Blatt 15 Göppingen – Geislingen oder Blatt 18 Reutlingen – Bad Urach.

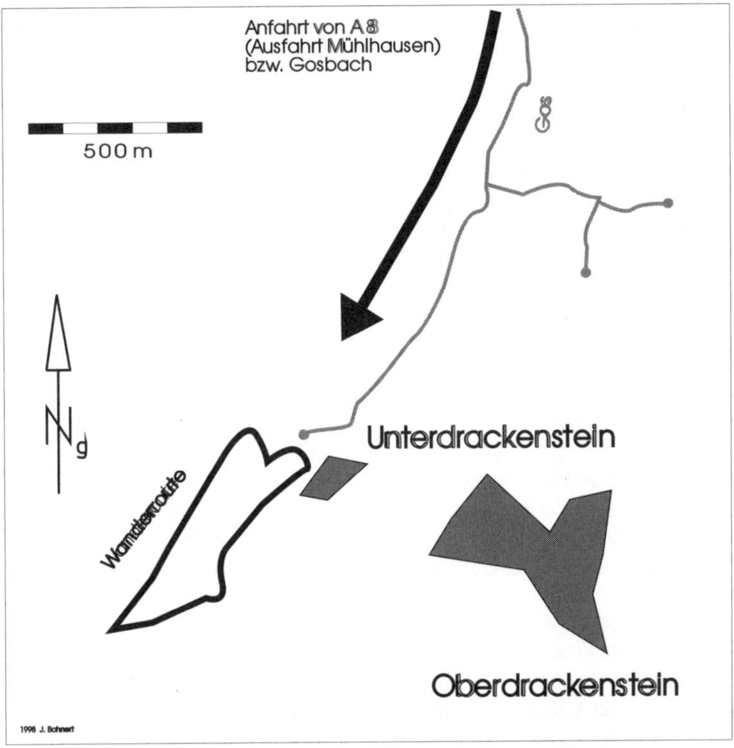
Anfahrt von A8
(Ausfahrt Mühlhausen)
bzw. Gosbach
500 m
Gos
Ng
Unterdrackenstein
Wanderroute
Oberdrackenstein
1998 J. Bohnert

Wanderung: Weltabgeschieden und von hohen Bergflanken umgeben ist das kurze Seitentälchen der Gos, die nch wenigen Kilometern Lauf bei Gosbach in die obere Fils mündet. Oben an den Hängen drohen hoch aufragende Felsen, im Tal sprudelt die Gos über kleine Geländestufen zur Fils und im hintersten Winkel des Tälchens steht über einer senkrechten Felswand das Kirchlein für die Bewohner von Unter- und Oberdrackenstein. In dieser Felswand finden sich Höhlen und Nischen, ein unterirdischer Gang ging sogar von der größten dieser Höhlen hinauf zur Burg der Herren von Westerstetten. Beim Straßenbau vor wenigen Jahrzehnten stieß der Bagger auf die Wölbung dieses Ganges. Von der Burg, wenig oberhalb des Dörfchens gelegen, ist nichts mehr zu sehen; doch ist der Schatz in den Kellergewölben noch nicht gehoben. Vielleicht stammt dieser Schatz von dem Drachen, der in der größten Höhle gehaust hat. – Im Tal dröhnt nun der Lärm der Autos und schweren Lastwagen, die die steile Autobahn von München nach Stuttgart hinabschleichen.
Von unserem Parkplatz aus können wir diese Höhle schon entdecken, und wir gehen, neugierig geworden, über Wiesen (nach links, dann am Bach entlang) geradeswegs auf dieses Felsenloch zu. Der oben überhängende Fels ist moosbewachsen; das Rinnsal, das über die Felswand rieselt, baut durch Kalkausscheidung nach und nach immer weitere Felsvorhänge auf. Im Winter, wenn Eiszapfen zeigen, wo der Fels weiterwachsen wird, ist dies besonders schön zu sehen. Das Wasser tropft in einen kleinen und klaren Quellteich. Beim genaueren Hinsehen entdecken wir, daß das herabtropfende Wasser die Höhle in vielen Jahrhunderten mit einem Felsvorhang verschlossen hat. Ob der Drache dies wohl rechtzeitig gemerkt hat? Sonst wäre er ja heute noch darin zu finden.
Von unserer Parknische aus führt etwas oberhalb der Straße ein guter, doch kaum begangener Waldweg leicht aufwärts durch den sehr urtümlichen Wald mit alten, jungen oder auch abgestorbenen Bäumen und grün überwachsenem Waldboden bis in den hintersten Schluchtwinkel des Impferenloches. Rechts im Wald, direkt unter den hohen Bögen der Autobahnbrücke, liegen gewaltige Felsbrocken, schon moosüberwachsen. Die Brücke wurde, kaum daß sie fertig war, von denselben Leuten, die sie erbaut hatten, in die Luft gesprengt. Die zu Tal rumpelnden Riesensteine erschreckten zwar die Dorfbewohner gewaltig; doch der vordringende Feind ließ sich davon nicht beeindrucken. Heute ist dies alles schon vergessen – und über die sich in das Tal hinabziehende Autobahn wälzt sich Tag und Nacht ein Lindwurm aus Eisen, Gummi und Gestank. Im steilen Berghang rechts des Weges liegen große und kleine Felsbrocken, die teils durch den Bau der

In der steil abfallenden Felswand unterhalb des Dorfes Unterdrackenstein befinden sich zahlreiche Höhlen und Nischen.

Autobahn vom Berghang abgesprengt wurden, teils auch durch Wasser und Frost nach und nach vom festen Berg abgetrennt werden. Bald sehen wir links unter uns einen weiteren Forstweg aufwärts führen, dieser zweigte an der Straßenkehre nach Drackenstein von der Fahrstraße ab und führt wie unser Weg in das hinterste Ende des Impferenloches. Die Welt ist hier zu Ende, und es führt kein Pfad hinauf zur Hochfläche und zur Autobahn. Wir bleiben unterhalb der Felswände, biegen in weitem Bogen um das Talende und nehmen den Waldpfad, der leicht aufwärts auf der Südseite des Impferenloches am anderen Talhang nach Unterdrackenstein zurückführt. Auf einer kleinen Bergwiese mit Wildfütterung gehen wir halbrechts (nicht den Weg in rechtem Winkel) aufwärts und zwischen zwei Felsgebilden hindurch. Für Kinder ist dies eine Gelegenheit zum Klettern. Nach diesen Felsen gehen wir nach links abwärts, bis wir bald hinter den Häusern von Unterdrackenstein sind.

Das Dorf Drackenstein besteht aus dem kleineren Unterdrackenstein und dem größeren Oberdrackenstein. Der untere Weiler ist älter; dort finden sich Kirche, Friedhof, Rathaus und Schulhaus. Die Herren von Westerstetten – später die Grafen von Helfenstein – hatten ihre Burg oberhalb des Ortes. Von der Kirche aus gehen wir einige Meter aufwärts; nach dem Straßengeländer führt ein guter Fußweg steil hinab zur Lourdesgrotte, die sich mehrseitig öffnet. Das Marienbild erinnert an die Erscheinung Mariens in der Grotte von Lourdes. In unserer Sage spielt diese Höhle auch eine Rolle. Eine uralte verrostete Schneidernadel, die man dort gefunden hat, läßt vermuten, daß sich tatsächlich unser Ballmacher dort versteckt hatte. An dieser Lourdesgrotte sieht man sehr schön, wie sich die tropfsteinartigen Felsen durch herabrieselndes Wasser gebildet hatten. Der Weiterweg erfordert Achtsamkeit. Ein schmaler Fußpfad führt zunächst aufwärts und dann oberhalb einer kleinen Felsstufe steil über schmale Treppen hinab zum Wasserfall, den wir schon gleich zu Beginn unserer Wanderung aufgesucht hatten. Friedlich im Sand scharrende Hühner und Gänse, die sich im klaren Wasser baden, zeigen uns, daß der gefährliche Drache heutzutage seinen Schrecken verloren hat.

Die Ruine Reußenstein hoch über dem Neidlinger Tal.

Das vollständige Porträt unserer Alb jetzt in zwei großen Bildbänden von Eva Walter und Thomas Pfündel:

Zauberhafte Schwäbische Alb
Vom Randen zum Ries. 184 S. mit 232 Farbfotos, 24,5 x 30,5 cm. Panoramakarte. In großformatigen Farbfotografien, ergänzt durch informative Texte, wird die abwechslungsreiche Landschaft zwischen dem Randen im Südwesten und dem Nördlinger Ries im Nordosten porträtiert: vom Großen Heuberg über die von Tälern durchschnittene Albhochfläche bis hin zur Ostalb mit Albuch und Härtsfeld. Das breite, bunte Panorama von Natur und Geschichte, Bau- und Kunstwerken, Brauchtum und liebenswerten Menschen, das in jeweils vier regional begrenzte Kapitel gefaßt ist, wird durch interessante Leseteile ergänzt. ISBN 3-87181-370-2

Faszination Schwäbische Alb
Am Trauf entlang vom Rosenstein zum Dreifaltigkeitsberg. 160 S. mit 212 Farbfotos, 24,5 x 30,5 cm. Ein großer Bildband der Extraklasse über eine faszinierende Landschaft. Der Albtrauf in seiner ganzen Schönheit, das gelungene Landschaftsporträt: meisterhafte Farbfotos von Ruinen und Höhlen, Wasserfällen, Felsen und Ausblicken, von seltenen Pflanzen und lebendigen Traditionen und vieles mehr. ISBN 3-87181-288-9

Burgen und Schlösser der Schwäbischen Alb
Dritte, überarbeitete und erweiterte Auflage von Christoph Bizer auf der Grundlage von Wilhelm Gradmann. 150 Burgen und Schlösser werden auf 128 S. vorgestellt: Beschreibung der Anlagen, Darstellung ihrer Geschichte mit einem 133 Farbfotos umfassenden Bildteil mit historischen Ansichten und Zeichnungen. ISBN 3-87181-284-6

Höhlen der Schwäbischen Alb
Faszinierende Welt unter der Erde. Ein Text- und Bildband von Hans Binder. Die bizarre Tropfsteinwelt der Schauhöhlen der Alb begeistert alljährlich die Besucher. Weit mehr stellt dieser Band vor: Alles über Höhlen läßt sich hier nachlesen – wie sie entstehen, was man in ihnen findet, was für Tiere und Pflanzen in ihnen leben, was Mensch und Höhle verbindet. 160 S. mit 173 Farbfotos und historischen Abb. ISBN 3-87181-366-4

Streifzüge im Donautal
Von Donaueschingen bis Ulm. Von Eva Walter und Thomas Pfündel. 128 S. mit 118 Farbfotos. Das romantische Donautal mit seinen Schlössern, Klöstern und Städten. ISBN 3-87181-255-2

Die längste Höhle der Schwäbischen Alb
Auf Entdeckungsfahrt in die Wulfbachquellhöhle. 96 Seiten mit 60 Fotos. Die Autoren Jürgen Bohnert, Siegfried Geiger, Herbert Jantschke, Andreas Kücha und Rainer Straub geben einen faszinierenden Einblick in eine Welt, die nur geübten Höhlentauchern vorbehalten bleibt. ISBN 3-87181-391-5

Sperrige Landsleute
Wilhelm I. und der Weg zum modernen Württemberg. Von Karl Moersch. 272 S. mit 50 historischen Abb. Wilhelm I. hat wie kein anderer württembergischer König die Geschichte seines Landes im 19. Jahrhundert geprägt. Der Autor zeichnet Württembergs Weg zum modernen Staat facettenreich nach und porträtiert dabei unterhaltsam Wilhelms prominente Mitstreiter und Kontrahenten; sperrige Landsleute allesamt.
ISBN 3-87181-373-7

Frauen im Hause Württemberg
Von Hansmartin Decker-Hauff. Herausgegeben von Wilfried Setzler, Volker Schäfer und Sönke Lorenz in Zusammenarbeit mit Andreas Schmauder.
304 S., 111 Abbildungen, davon 71 in Farbe. 27 Lebensbilder aus der bekannten Fernsehreihe von Hansmartin Decker-Hauff. Ein Meisterstück historisch fundierter Erzählkunst.
ISBN 3-87181-390-7

Der gelernte König
Wilhelm II. von Württemberg – ein Porträt in Geschichten von Anni Willmann.
160 S., zeitgenössisch illustriert. Ein abwechslungsreiches, kurzweiliges Buch für jeden, der an Zeitgeschichtlichem interessiert ist. Biographisches und Anekdotisches fügt sich zu einem einzigartigen Porträt Wilhelms II. zusammen. ISBN 3-87181-292-7

Liebesgunst
Mätressen in Württemberg. Von Susanne Dieterich. 176 S. mit 33 Abb. Liebesgunst und Liebesneid – Rollenbild und Stellung der Geliebten auf Zeit an Württ. Höfen des 17. u. 18. Jhds., ihr Einfluß auf Kunst und Politik.
ISBN 3-87181-380-X

Württemberg und Rußland
Geschichte einer Beziehung. Von Susanne Dieterich. 216 S. mit 58 Abb., teilweise in Farbe. Vielgestaltig waren und sind die Verbindungen zwischen Württemberg und Rußland, spannend die Geschichten, die sich dahinter verbergen.
ISBN 3-87181-243-9

Auf Spurensuche
Der Bauernkrieg in Südwestdeutschland. Von Klaus Herrmann. 220 S. mit 77 Fotos und historischen Abb. Die spannende Spurensuche nach Zeugnissen des Bauernaufstandes in Südwestdeutschland. Die Orte der Ereignisse nimmt der Autor als Ausgangspunkt für seine Exkursionen. ISBN 3-87181-248-X

Ein Mann namens Ulrich
Württembergs verehrter und gehaßter Herzog in seiner Zeit. Von Werner Frasch. 288 S. mit 60 Abb. Eine mit Sachkenntnis und Liebe zum Detail verfaßte Biographie. ISBN 3-87181-260-9

Wege zum Erfolg
Südwestdeutsche Unternehmerfamilien. Hrsg. von Willi A. Boelcke. 288 S. mit 56 Abb. 20 Unternehmerfamilien und ihre Firmen, die sich über drei Generationen erfolgreich behauptet haben, werden vorgestellt. ISBN 3-87181-363-X

**Es gehet seltsam zu . . .
in Württemberg**
Beiträge zu Lebensartund Ideenwelt der Schwaben. Von Karl Moersch. 300 S., mit 50 hist. Abb. Der Autor zeigt, daß württ. Geschichte und württ. Gegenwart eng zusammengehören. Ein umfangreiches, auf gründlicher Recherche beruhendes Wissen und der klare Stil machen das Werk zu einem wertvollen Geschichtsbuch. ISBN 3-87181-409-1